그들 피로 물든

샴페인을 먹고 엄청 탈났다

<副題 : 광주발포 책임자 뻔한데 회개하고 자수하라>

지은이 김광해

KH 칼럼, 작가 작품 우수작 선집

그들 피로 물든 샴페인을 먹고 엄청 탈났다

副題 : 광주발포 책임자 뻔한데 회개하고 자수하라

발행일   2021년 10월 01일

지은이   김광해
펴낸이   김광해
편집   김옥자
제작   북퍼브
주소   서울특별시 마포구 동교로 156-13 동보빌딩
이메일   bookpub78@naver.com
전화   070-4269-9223
홈페이지 www.bookpub.co.kr

ISBN 979-11-91184-49-5

한국 당면현안 5·18 광주 발포자 진상규명 소홀과
지체 지지부진한 조사위도 중대 책임있다.

그들 피로 물든
샴페인을 먹고 _{엄청}탈났다

<副題 : 광주발포 책임자 뻔한데 회개하고 자수하라>

KH 칼럼 金光海 작품

5·18 광주 문제 해결없이 국민통합 불가 군사 반란 망국적 폐해 실상
(사면자 공범) 정승화 前육군총장 반란 방조 기회주의자? 愚草 뇌경
색 다큐작가 눈물과 불굴의 투병기 군반란수괴 국민최초고발자, 제5
공 원작자 박근혜 대통령 탄핵 재심으로 바로 잡아야 영국 옥스퍼드
시 구의원 세비없고 봉사직 택시기사도 직업 귀천없이 고관 장차관
국회의원 장군 출신이 많음

더브 출판사   지은이 김광해

本書로 주요 한국현대사 통달 교훈서로 충족

목차

축사

아래 글은 필자의 집필 활동에 적극 후원자의 한사람인 이종사촌 동생 현 해병대 부사령관 백경순 소장의 출판 기념 행사에 축하 축사 말씀입니다.

존경 하옵는 귀빈 여러분! 안녕 하십니까?

오늘 성스러운 자리에서 시민운동가 김광해 총재님의 팔순 잔치와 출판 기념회에서 축사를 하게 되어 무한 기쁘고 감사드립니다.

저는 오늘 특별한 기념식의 주인공 이신 김광해 총재님의 어머님, 친 동생이신 어머니 아들로 이종사촌 동생인 현역 해병대 부사령관 백경순 해병 소장입니다.

제가 이 세상에서 가장 존경하고 훌륭하게 생각 하는 형님의 팔순 생신과 인기 작가 반열에 올라 있는 형님의 출판 기념식에서 축사를 올리게된 것은 큰 영광이 아닐 수 없습니다.

김광해 형님은 여러 귀빈께서 잘 알고 계시듯이 우리나라의 굴절된 민족정기와 역사를 바로 잡고 세우기 위하여 하나뿐인 목숨을 걸고 우리 국민의 선각자로 행동 하셨고 각계 각층의 수 많은 사람의 존경을 한몸에 받는 인물임을 자타가 공인하고 있습니다.

이런 훌륭한 분을 형님으로 둔 저는 우리 가문의 영광이며 행복으로 알고 있습니다.

형님은 우리 가문에서 저보다 일찍 장군이 되실 분인데 시대 변혁 때문에 제가 형님의 못 이룬 가슴 아픈 뜻과 가문의 혈통을 이어 받아 대신 제가 장군이 되었습니다. 그저 감사할 뿐입니다.

형님은 건강도 최악으로 40년 이상을 불편한 몸으로 살아 오면서 오직 굳건한 믿음 하나로 바른 나라 바른 사회를 만들고 세우기 위하여 노심초사 온갖 어려움을 극복하면서 살아오신 전력 투구의 불굴의 정신과 업적들은 우리가 따를 수 없는 위업(偉業)이며 오늘 영광스러운 형님의 팔순과 출판 기념식을 여러 귀빈과 함께 축복하며 이것으로 간단히 축사에 대신하며 여러 귀빈과 하나님께 감사 드립니다.

감사합니다. 끝

대한민국 해병대 부 사령관

해병 소장 백 경 술

책 머리에

필자 愚草(우초)는 이 세상에 태어난지 금년에 80세가 되었고
波瀾萬丈(파란만장)했던 일평생을 살면서 남보다 迂餘曲折(우여곡절)
變化無雙(변화무쌍)한 삶을 살아 온 것이 사실입니다.

지난 날을 돌아다 보니 기쁜날 슬픈날 가슴 아팠던 날이 많이 交
叉(교차)되는 感懷(감회) 속에서도 인생 整理(정리)가 필요하다고 判斷(판
단), 일생 業績(업적)을 남기고 생을 마감 하겠다는 생각에 온 精力(정력)
을 다해 力作 本書(역작 본서)에세이 '김광해 칼람' 약칭 'KH칼람'[그들
피로 물든 샴페인을 먹고 엄청 탈났다<副題 : 광주 發砲(발포) 책임자
뻔 한것 회개하고 자수하라>]를 세상에 알리는 出版 記念(출판 기념)을
八旬宴(팔순연)과 함께 정부의 民主化 運動者, 國家有功者 認定(민주화
운동자, 국가유공자 인정), 16주년을 동시 祝賀祈念(축하기념)하는 人生綜合
決算書 自視(인생결산서 자축) 글을 세상에 내놓고 평가 받고져 합니다.

저는 어린나이 네 살에 어머니와 生離別(생이별)을 하였기에 母親(모
친) 얼굴도 모르고 자랐고 열다섯 살에는 無酌定 上京(무작정 상경) 슈산

보이 新聞 街販(신문 가판) 안정된 洞 區域新聞配達(동 구역신문배달) 自習書(자습서) 參考書(참고서) 冊장사 잉크장사 아이스 케이키 얼음 行商(행상) 등으로 學費(학비)와 衣食住(의식주)를 解決(해결)하고 온갖 고생을 하면서 고학으로 夜間高校(야간고교)와 大學(대학)을 다니다 휴학을 하고 군에 入隊(입대), 군생활중에 소령때 대학에 재입학, 忍苦(인고)의 노력 끝에 卒業(졸업)하였고 군복무는 최상의 上命下服(상명하복)의 透徹(투철)한 軍人情神(군인정신) 誠實勤務(성실근무)로 부하사랑과 上官(상관)의 신임과 信賴(신뢰)를 한 몸에 받는 훌륭한 幹部 將校(간부장교)로 乘勝長驅(승승장구)하다 軍事般亂(군사반란)을 만나 원치 않는 눈물의 轉役(전역)을 하였고 轉役 後(전역 후)는 不法 非理 詐欺(불법 비리 사기)로 漫然(만연)된 非理 汚染 共和國(비리 오염 공화국)을 正義 國家 正義 社會(정의 국가, 정의 사회)를 만드는 市民 運動家(시민 운동가)로 變身(변신) 活動(활동), 많은 업적과 偉業(위업)을 쌓아 當代(당대) 最高(최고) 國民(국민)의 榮譽(영예)인 民主化 運動者(민주화 운동자), 國家 有功者(국가 유공자)로 認定(인정)되어 각종 많은 종류의 賞을 受償(수상)을 하는 등 국가에 赫赫(혁혁)한 功勞(공로)와 貢獻(공헌)을 하였습니다.

또한 책과 친한 필자는 많은 책을 쉼 없이 읽고 글을 써 폭 넓은 지식을 쌓았고 글 잘 쓰는 소질 있다는 중학교 국어 崔義德(최의덕)선생님 말씀에 [고향 문드러미에 있는 신흥사 消風, 記行文(소풍, 기행문)]을 제일 잘 썼다고 評價(평가) 받아 最優秀(최우수) 당시 프린트로 된 賞狀(상장)과 부상으로 공책을 받는 등의 榮譽(영예)와 軍 생활 중에도 政訓 公報 將校(정훈 공보 장교)로 指揮官 訓示文 作成 檢討(지휘관 훈시문 작성 검토) 決裁時(결재시) 修正(수정) 없이 그대로 通過(통과)되는 실력있는 장교로 인정 받았고 작가로 登壇 後(등단 후) 小說 自傳 實錄(소설 자전 실록)에세이 히스토리 논픽션 다큐 등 主要作品(주요작품)이 短期間(단기간)에 3권이

bs로 총 21권을 企劃 執筆 出版(기획 집필 출판)하여 人氣 作家 班列(인기 작가 반열)명성에 오르는 氣嚴(기엄)을 吐(토_해 내기도 하였습니다. 이 모든 영광은 친분자 여러분의 聲援(성원)과 德分(덕분)이라고 사료됩니다.

특히, 筆者(필자)는 머리 疾患(질환) 뇌병변2급 難治病(난치병) 腦梗塞(뇌경색) 重患者(중환자)로 중환자는 글을 쓸수 없는 병인데도 記憶力(기억력)이 發炳 前(발병 전)보다 양호하여 글 쓰는데 문제가 없고 글을 잘 쓸 수 있는 작가 생활을 꾸준히 할 수 있는 것은 오직 평생 믿음으로 사는 저에게 하나님의 恩惠(은혜)와 恩寵(은총)의 덕분이라고 確信(확신)합니다.

금번 필자의 저서"KH 칼람"이 독자에게 好評(호평) 되길 바라며 마음에 양식이 되길 바랍니다.

2021년 10월 1일 愚草 任官, 八旬(팔순) 및 出版 記念日에
健勝(건승)과 國家 發展(국가 발전)을 祈禱(기도)하며
지은이 愚草 金光海

제 1 편
저자 화보 및 시민운동

제 1 부
(A) 愚草(우초) 화보
(B) 우초 작품 중 우수작 선집

제 1 부 (A) 愚草(우초) 화보

근황

전역 당시 필자

필자가 건국 후 국군장군 중
가장 존경하는 군인은 채명신

필자는 주월군 채명신 장군으로부터 전투공로 표창장을 받았다.

직계 가족

군인 인연으로 만난 정승화(좌)
장태완 장군(중앙), 필자(우)

군사반란수괴 국민최초 반란살인죄로 단독 고발

민주화운동 시민사회환경운동 선각자

끊질긴군사정권 퇴진운동성취

96.2.25 서울지검 입구에서 부정축재자 전두환, 노태우 비자금을 공개,
처벌하라고 시위하는 김광해(좌로부터 네 번째)

12·12 군사반란 당일밤 전두환 합수부장은 정승화 계엄사령관을 연행하기 위하여 최대통령 결재를 요구하였으나 거부하자 권총으로 위협하는 장면을 30경비단 최대위가 목격했다는 내용을 발표한 필자의 조선일보 보도사진

1995.12.16일 부정부패 추방 시민연합(대표 이세중 전변협 회장) 창립대회에서 이 시대 정의로운 인물 박계동 의원과 필자가 선정, 연설을 하고 있다(단상 연설하는 필자)

역사 바로세우기 운동 본부 회원들과 필자(좌측)가 매월 1회 동서울터미널에서 교통질서지키기 거리 캠페인을 벌이고 있다.

1999.6.5일 천호대교 남단에서 실시한 환경의날 한강상수원 살리기 운동 캠페인에 참석한 필자

주1회 민주화운동 대책회의시 민주화운동 명예회복, 보상심의위원장 겸
광주정신계승국민위원장 김상근목사(우)와 심의에 관한 협의를 하는 김광해 민주화운동자(좌)

국가, 민족, 후손 사회를 위한 시민활동사진
굴절된 민족정기 바로세우는 시위, 연설강행

반란자들의 각종 위협과 협박에도 불구하고 강인한 투지로 민족 정기 선양 운동과 역사 바로 세우는 시위, 연설 등을 전국 곳곳에서 100여회 실시

94. 11. 26 대전역 광장에서 민주당 주최로 실시한 군중집회에서 10만 청중에게 12.12 군사 반란독재자들을 즉각 재판에 회부, 처벌하라는 주장을 하는 김광해 (연단위)

매년 5·18 광주민주인사 묘역 헌화 분향(중앙)

1999년 세계 NGO 서울대회 한국 대표로 참석 시위 참여

(좌측)1999년 세계NGO 서울총회에 한국대표로 바사본 대표 김광해 총재가 선임 참석 국가 인권위 (현 권익위)설립을 주장하는 시위등을 강력 요구하여 대망의 역사적 창립을 성취했다.
(우측) 올림픽 체육관에서 거행하는 99세계 NGO 서울대회에 참가하여
국가인권위원회 설립을 요구하는 시위를 했다

5·18 부상자에 대한 위로(우측)   헌화 묵렴하는 김광해(중앙)

광주 5·18 민주항쟁 유공자묘역(중앙)

2003년 9월 16일 플레스 센터에서 실시한 육군본부(참모총장 남재준 대장)주관, 한국 정책 학회 주최 지방 자치 시대의 군민 협력 방안 세미나에 참석하는 김광해 바른사회만들기운동본부 대표 총재(우측)를 영접하는 육군 참모 총장 남재준 대장(좌)

2000년 3.1 운동 추념식 참석

민족정기선양과 역사를 바로세우는 지속적인 민주화 운동의 일환으로 새천년을 맞은 2000년 3월 1일 3.1 독립운동 희생 선열추념식에 참석 분양향하였다

분향 후 퇴장하는 김광해(사진 상)

환경의날 한강 살리기 캠패인 참석활동

1천만 수도권 주민의 젖줄인 한강 살리기 운동에 시민 단체등과 합동 또는 바른사회만들기 운동본부 단독으로 폐기물수거, 오염과 감시활동을 전개하였다.

한강 살리기 운동 캠패인

선진교통문화 창달의 그날을 위해

매일 동서울터미널에서 교통질서 활동(우측)

백범 김구 선생묘역 참배

민족정기를 바로세우기 위한 매국노 이완용 재산몰수 및 김구선생 암살범 안두희를 처단한 박기서의사 석방 촉구대회에 광복회장등과 참배한 김광해 총재(사진 우측 끝)

고 김오랑 중령 승모회장으로 매년 추모식 거행

97. 6. 2 국립현충원에서는 참군인 김오랑 중령 숭모회(회장 김광해 총재) 주관으로 12.12 군사반란에 대한 대법원의 역사적인 확정 판결을 기념하여 고. 김오랑 중령에 대한 숭모행사가 거행되었다. [사진 하 김광해 숭모회장의 추도사, 중앙 참배하는 하소곤, 이건영, 정승화, 장태완 장군(우로부터)]

정의로운 군인 김오랑 중령 숭모회장인 필자(우)가 추모식 후 YTN 인터뷰 모습

김광해 총재 국가유공자(보훈처 23195133) 결정 및 저서 제4탄『제5공화국』출판기념회

주관 : 바른사회만들기 운동본부 일시 : 2005. 8. 1 장소 : 육군회관

필자 한국일보 주관 한국문학예술상 시상장면(좌)

각 단체초빙 민주화운동과 연설

환경 보호운동 본부 초청 연설

부정부패 시민 연합회 (회장 이세중 전변협회장) 초청
창립축하 기념 연설하는 김종재(단상)

민변 주최 전·노 사면공청회 발표

전·노 등 5·18 관련자에 대한 정치적 사면이란 있을 수 없다는 단호한 입장을 밝히는 김광해 총재(사진 우측 끝)

김홍신 이석형의원과 함께 발표하는 김총재(우)

육군총장 우수시민단체 대표초청 및 기념 촬영

육군참모총장이 시민단체대표 30명을 초청.육군현황소개와 시민단체활동상에 대한 토론
의견교환행사 후기념촬영.　　(중앙 김판규대장 좌로 두 번째 김광해총재)

제　목　시민사회단체 대표자 초청행사 참석 (협조)

　　1. 귀 단체의 무궁한 발전을 기원합니다.

　　2. 육군에서는 평소 나라와 軍이 올바른 방향으로 가도록 많은 관심을 갖고 계시는 주요
시민사회 단체 대표자를 초청, 육군정책에 대한 조언과 함께 안보현실에 대한 공감대를 갖고자 조촐한
행사를 계획하였는바 바쁘시더라도 부디 참석하시어 軍과 나라의 발전을 위한 보람된 자리가 되도록
협조해 주시기 바랍니다.

　　가. 행사 진행
　　　　(1) 일　　시 : 7. 23(화) <u>10:00 - 18:00</u>
　　　　(2) 주　　관 : 육군 참모총장
　　　　(3) 장　　소 : 계룡대 육군본부(대전) / 전방 15사단(화원군)
　　　　(4) 시간계획 : 10:00-11:00　용산 헬기장 집결 / 계룡대 이동 (CH-47)
　　　　　　　　　　　　　　　　※ 악천후시 08:30 국방부 민원실앞에서 차량출발
　　　　　　　　　　　　11:00-12:00　육군현안 및 정책설명회
　　　　　　　　　　　　12:00-13:00　오찬 및 환담
　　　　　　　　　　　　13:20-17:00　전방부대견학 (15사단, CH-47)
　　　　　　　　　　　　17:00-18:00　용산 헬기장 복귀 및 해산
　　나. 참고사항
　　　　(1) 정책설명회와 오찬시 자연스럽게 참석자 여러분의 고견을 듣고자 하오니 의견이
있으신 분은 미리 준비해 주시기 바랍니다.
　　　　(2) 용산 헬기장 출입협조 관계로 참석자 인적사항을 <u>7.16(화)한</u> 상기 연락처로 통보
하여 주시기 바랍니다 (단체명, 참석자 직책, 성명, 주민등록 번호 , 개인출입차량, 차종색상 및 번호)
　　　　※ 대중교통 이용시 이촌 전철역 하차 헬기장까지는 도보 이동(3'거리) 안내요원 배치.끝.

　　　　　　　　　　육 군 참 모 총 장
　　　　　　　　　　전결 정훈공보실장 준 장 김

초청대상 NGO현황(30개)

단체명	참석자	실무자	전화번호	팩스번호	비고
용사단민족통일운동본부	김종범대표	윤성현사무처장	02-3673-3825	764-1091	
민족화해협력범국민협의회	이장희공동의장		017-272-2185	6221-2185	
경실련통일협회	이철기이사		016-323-4709		
한민족 통일교육연구소	김금중소장		02-749-3457	706-1336	
한국 자유총연맹	김효무본부장	홍보실장	02-2238-9137	2252-4166	
통일연구협의회	박명원회장		032-866-7787	864-7501	
자주평화통일민족회의	에다지상임의장		02-761-7315	051-640-7166	중도
한국종교인평화회의	변진흥사무총장		02-736-2250	734-2252	(16)
민족통일중앙협의회	성민경조직국장 이양수		02-475-8232	476-8197	
평화문제연구소	신영석소장	손홍자상임이사	02-358-0612	384-1924	
통일기금사업회	장광석회장		02-730-1114	730-8548	
통일교육연구원	정석홍원장		02-725-2004	566-4321	
통일교육전문위원중앙협의회	임종혁고문		02-901-7178	901-7024	
아시아사회과학연구원	이장희원장	김태경	02-396-2590	396-2591	
우리민족서로돕기운동	송월주대표		02-734-6776	734-6775	
국제옥수수재단	김순권대표	임원백사무처장	02-741-5745	3673-4839	
바른사회를위한시민회의	조종근사무처장		02-741-7660	741-7663	
안보를생각하는사람들	김백석대표		011-9782-7186	hasemi@hanmail.net	보수
민족통일협의회	한양수대표		02-476-8194	476-8197	(5)
한국 YMCA전국연맹	이남주대표	김기현기획부장	02-754-7891	774-8889	
바른사회만들기운동본부	김광해대표		011-251-6946	446-0828	
평화를 만든 여성회	이현숙대표	정유주사무국장	02-2264-9640	2275-4961	

충남 논산시 두마면 부남리 사서함 501-1호
육군참모총장 대장 김 판 규 배상
3 2 0 - 9 1 9

서울시 광진구 구의2동 71-11호
바른사회만들기 운동본부
김 광 해 총재님 귀하
143-819

한국현대사의 역사적인물 김광해

12.12 군사반란 수괴 최초단독고발

93. 5. 19 대검찰청 기자실에서는 당시 사상초유 100여명의 기자가 운집한 가운데 12.12 군사반란시 육본작전 참모 보좌관 김광해 중령이 고급장교 출신으로는 최초로 전두환, 노태우를 단독 고발하여 역사적인 군사반란의 조사, 재판, 처벌의 단초가 되었으며, 수십년간 지속된 민주화운동의 마무리 작업까지하는 대위업을 달성 하였다.

전·노를 반란, 살인, 내란죄로 대검에 고발하는 김광해(우)

민주화운동의 일환으로 정승화, 장태완 장군등 반란 진상규명위 회원 23명이 참석한 가운데
주1회, 월1회씩 만4년간 군사반란 조사 재판에 대한 대책회의를 주관한 김광해 간사장(사진좌측)

우초 이순신장군 다음 가장 존경하는
박정희 박근혜 전 대통령

박정희 대통령탄신 88주년 숭모다례제 참석분향

2005년 11월 14일 서울 능동어린이회관 무지개 극장에서 거행된 박정희 대
통령과 육영수 여사를 좋아하는 사람들 모임 주최로 박정희 대통령 탄신 88
주년 숭모다례제 행사에 참석 후 분향하는 바른사회만들기 운동본부 대표 필
자 김광해(좌)

2010. 7. 24 한나라당 박근혜 대표출판기념회초청을 받고 보훈병원 입원 치료중에도 휠체어를 타고 참석, 상
임고문석에 안내되어 축하 꽃다발을 드리고 악수하는 박근혜 김광해 위원장(우)

(B) 우초 작품 중 우수작 선집

첫 문학 작품 "고발"
(나는 왜 전두환, 노태우를 살인죄로 고발했나!)

　출판기념회에 정승화 전 계엄사령관겸 육군참모총장과 신대진 장군이 참석 축하하였음

저서 "고발" 출판기념회를 축하 해주시는 정승화 전 육군참모총장(우)

김광해 총재 국가유공자(보훈처 23195133) 결정 및 저서
제4탄 『제5공화국』 출판기념회

주관 : 바른사회만들기 운동본부 일시 : 2005. 8. 1 장소 : 육군회관

인도 파키스탄 평화유지군(PKO)사령관 안충준장군으로부터
우수 시민단체로 선정 바른사회만들기 시민운동감사패 받음

모범 정치인과 좀 더 나은 정치문화연구활동

절친했던 모범 정치인 이인제(송영길) 의원과 김근태 의원과 한국의 정의로운 정치문화를 위하여 필자는 같이 고민하기도 했다.

(사진 위 이인제 의원 아래 김근태 대표)

절친한 민주당 김근태 대표와

제 1 장
5·16과 10월 유신의 배경과 진실
[군사혁명이 아닌 군민혁명(軍民革命)이다]

　4·19 학생혁명에 의해 이승만 독재 정권이 무너지고 윤보선 대통령, 장면 총리 정권이 들어섰으나 국정 수행 능력이 너무 부족하여 무능의 극치를 이루었다. 각 분야에선 국정난맥(國政亂脈) 상이 표출되어 국가는 국가가 아니고 사회는 사회가 아닌 여기저기서 국민들이 못 살겠다는 신음(呻吟) 소리가 메아리쳤고, 이러다간 또 전쟁이 일어나는 것 아니냐며 두려움과 겁에 질려 떠는 사람들이 도처에서 웅성거렸다. 이런 현상은 5·16 군민혁명이 일어나기 반년 전인 1960년 11월, 12월부터 더 하였다

　5·16 혁명의 배경과 진실은 국민들은 이렇게 살기 어려운 때는 군(軍)이라도 나와야 국민들이 살 수가 있지 않겠느냐며 이러다가는 다 죽는 것이 아니냐는 극한적인 말과 소문이 나돌았었다. 동시에 시민들은 곧 군이 나올 것이라는 말을 많이 했고, 군이 나와야 국민이 살 수 있다고 이구동성(異口同聲)으로 말했다.

필자는 당시 신문 배달과 행상(行商) 등으로 고생하며 공부하는 야간 고교 2학년 고학생이었다. 당시는 어려운 가정형편으로 자활고학생이 많았는데 우리 반 90명 중 자신이 학비와 생활비를 벌어 자취하고 공부하는 고학생(苦學生)이 82명이나 되었다. 신문 배달이 끝나면 식사를 하기 위하여 필자가 자주 찾는 싸구려 식당이 있었다. 그 식당은 탑골공원 인근 낙원시장 내에 있는 골목식당인데 백반(白飯)을 사먹기 위해 각 계각층의 어려운 사람들이 찾는 서민 백반 전문식당이었다. 주로 백반 고객은 시장 상인, 청소부, 지게꾼, 신문 배달, 신문팔이 고학생들이 많았고 이곳에 가면 서울 시민의 여러 가지 여론을 들을 수 있었다. 군대가 나온다는 이야기를 이 식당 손님들이 말을 많이 해 들을 수 있었다.

5·16 혁명 1개월 전인 4월부터는 군이 영등포에 집결되어 있는데 나라와 국민을 구하려고 곧 나온다는 구체적인 말들까지 공공연하게 했고 소문이 자자했다. 그 당시 시민들은 참으로 먹고살기 힘들었다. 하루 벌어 하루 사는 봉지 쌀을 사다가 하루 먹고사는 하루살이 인생이 수도 없이 많았다.

필자가 신문을 배달하는 지역에는 두부공장이 하나 있었는데 비지를 사다 밥 대용으로 먹으려고 꼭두새벽부터 사람들이 줄을 서 콩비지를 사려고 장사진을 이루었다. 필자도 신문 배달만 해서 먹고살고, 학비 조달이 어려워 일류 고교, K고교, K여고 정문에서 참고서, 자습서, 쏟아지지 않는 잉크 행상을 하면서 학비 조달을 했다. 여름방학 때는 얼음과자 '아이스께기' 행상을 하기도 했다.

더욱 살기 어려워 피까지 20여 회 빼서 팔기도 하였다. 피를 빼 판곳은 서대문 사거리에 있던 적십자병원이었는데 피를 한 번 빼면 빵한 개와 계란 한 개를 주었고, 쌀 한 되 살 수 있는 돈을 주었다.하루는 한 여학생이 피를 빼고 쓰러졌는데 그것은 피를 너무 자주 빼서 발생한 사고라는 말을 듣고 그 후로는 피를 빼는 것도 겁이 나서 중단하고 행상을 더 열심히 하였다.

당시는 너나 할 것 없이 살아가기 힘든 세상살이였다. 국민들은 못살겠다고 하루에도 수많은 사람이 자살한다는 신문 방송 보도가 있었고, 필자도 살기 힘들어 자살을 할까 하는 극단적인 마음을 먹었던 적도 있었다. 또한 매일 수백 수천 건의 데모 소요로 서울은 도시 전체가 최루탄 가스로 눈을 뜰 수가 없을 지경으로 혼란스러웠다. 심지어 초등학생, 유치원생까지 데모를 하는 웃지 못할 어지러운 판국의 세상이었다.

이런 시국이니 군의 선각자들이 가만히 있다는 것은 국민과 국가에 대한 배신(背信) 행위로 판단하고 또한 국민의 여론이 군이 나오기를 간절히 원하고 있기 때문에 분연히 국가와 국민을 살리기 위하여 군과 국민이 일대 봉기 궐기(蜂起 蹶起)한 것이 5·16 군민혁명인 것이다.(저자는 국민이 군을 절대적으로 나오기 원했고 요구했고 지지했으므로 군민혁명이라고 주장한다.)

5·16 군민혁명은 군의 치밀한 계획도 없이 실행하였으나 누구의 강력한 저항(抵抗)이나 저지(沮止)도 없이 목적을 쉽게 달성, 성공하였다. 이는 군이 나오기를 바랐던 절박한 시대 상황과 국민의 절대적인 지지 때문이었다.

저자는 다큐멘터리 작가, 민주운동가, 한국현대사 역사연구가(연구학자)로서 이와 같은 이유로 5·16 혁명은 군인과 국민이 합심하여 봉기한 군민혁명이라고 하는 것이다. '10월 유신 선언' 역시 18대 일부 대선후보 정치인들은 5·16과 10월 유신이 크게 잘못된 것으로 알고 흑색선전 네거티브 공포 분위기 정치선전을 하였는데 한국 현대사와 역사를 너무 모르는 무지의 극치로 볼 수밖에 없어 참으로 안타까웠다.

'10월 유신 선언'의 배경에는 참으로 풍전등화(風前燈火)와 같은 누란(累卵)의 위기(危機), 국내외 정치 정세가 최악의 상태로 국가와 국민을 구해야 된다는 절체절명(絕體絕命)의 위기에서 국가통치권자인 박 대통령이 고도의 통치행위를 선언한 것이다. 당시 국내외적으로 불안했던 정세로는,

(1) 첫째로 북한은 1968년도부터 최고로 잘 훈련시킨 특수 8군단 124군부대 소속의 무장고비 31명을 침투시켜 우리 국가원수 대통령과 청와대를 살상, 폭파 하겠다고 공격한 1·21 청와대 침투 공격사건을 비롯하여,

(2) 강원도 울진·삼척 지구에 고도로 잘 훈련된 대규모 무장 공비를 기습적으로 상륙, 침투시켜 군경과 무고한 양민을 살상시키는 등, 천인 무도(無道)한 만행을 저지르고 또 어느 지역 어느 곳으로 침투할지 모르는 가운데 국민들은 불안에 떨고 있었다.

(3) 이때 생포된 무장공비 김신조, 등은 특수훈련으로 잘 훈련된 특수 8군단 소속 4만 명의 군대가 남한을 공산화시키기 위한 남침 명령만 기다리고 있다는 충격적인 증언이 있었고.

(4) 야당정치인 고정간첩과 종북(從北)세력 용공분자 등은 대학생들과 연대하여 '10월 유신'은 독재정권 유지와 인권유린 장기집권을 꾀하는 반국가적 행위라고 선전, 선동했으며, 연일 데모와 시위 소요는 국가를 온통 혼란스럽게 하여 국기를 흔들리게 할 정도의 혼탁한 정국이었고,

(5) 또한 휴전선 155마일 전선에는 남침 땅굴 20여 개가 있다는 정보가 있

었고, 이곳을 통하여 특수 8군단 북한군이 기습 남침 공격을 한다는 첩보가 있었다. 이때 실제로 중서부 전선에서 2개의 땅굴이 발견되기도 하였다.

(6) 특히 1970년 초부터 우리 맹방(盟邦) 미국은 군비감축을 이유로 거의 일방적으로 주한 미7사단 1만 5천 명의 미군을 철수시켰고,

(7) 1971년에는 미국 대통령 닉슨은 "아시아는 아시아인이 방어하라"는 '닉슨독트린' 을 선언하는 충격적인 발표를 하였다. 잔여 미군도 단계적으로 철수하고 주한 미군이 보유한 핵무기를 철수하겠다고 주장하고 여러 가지 압력을 가하였다.

(8) 끝으로 미국이 우리를 크게 분노케 한 사건이 있었는데 그것은 청와대 통화를 도청(盜聽)하는 중대 범법 행위를 하였다. 이는 주권국가의 내정을 간섭하는 있을 수 없는 위법 범죄로 자주독립 국가의 국권을 침탈하는 마치 식민 침탈 제국 사대주의 행태를 보임으로써 국민들에게 적지 않은 충격을 주었다.

이런 어려움, 즉 북한의 침략획책, 미국은 국가 이익을 우선하는 변화된 미국의 정책 등 국내외적으로 어려움이 발생함으로써 국내외적 정세를 심도 있게 간파(看破)한 박 대통령은 어차피 우리나라를 우리가 지켜야 한다는 '자주국방' 의지로 핵무기 개발 추진과 외국의 간섭을 배격, 배척하고 무분별한 자유를 일부 제한한다는 '한국적 민주주의' 를 선언하기에 이르렀다. 1971년 12월 6일에는 '국가 비상사태'를 경제안정을 위한 긴급초지선언을 하고 1972년 10월 17일에는 10월 유신을 선언하였다.

1977년 5월 11일 미 중앙 정보국(CIA)기밀문서 보고서에도 10월 유신은 북한의 위협 때문에 어쩔 수 없는 선언이었다고 긍정적으로 평가 하였다.

이상과 같이 필자는 '5·16 사태와 10월 유신 선언 배경과 진실'을 두 눈으로 바로 보고 겪은 세대로 가감(加減) 없이 진솔하게 밝혔다 (5·16과 10월 유신 선언으로 전쟁 대비가 없었다면 우리는 또 한 번의 전쟁으로 동족상잔의 비극을 치렀고 공산사회주의 국가가 되었으며 모두 죽었거나 없어졌을 것이다.) 이런 국내외적으로 처한 당시의 절박한 정세도 모르고 제18대 일부 대선후보 정치인은 유신 독재니 어쩌니 저쩌니 마구 지껄이고 떠드는 정치판을 보는 필자의 마음은 아직도 우리 국민은 멀었구나, 하는 회의(懷疑)를 느끼며 6·25와 같은 전쟁이 한 번 더 일어나야 정신을 차릴 것인가. 하는 마음에 참으로 착잡(錯雜)하고 씁슬하였다

국가를 바로 세우겠다고 5·16 혁명을 하였으니 혁명당국의 개혁은 필연적인 것이었다. 부정축재자, 정치인을 비롯하여 조직폭력배, 일반 사회적 암적 불량배, 국기를 문란하게 하는 비민주적 불법 범법자, 용공주의자 색출 처벌은 필연적인 것이다. 이 처벌을 받은 자들과 그 후손들이 지금도 5·16혁명은 불법 쿠데타니 10월 유신은 유신독재니 촛불집회를 통해 국가혼란을 조성하고 있음은 후진적 국가적인 적폐로 시정해야 할 국민정신 개선 사항이다. 불법행위니 하며 자기들 잘못은 생각지 않고 항의와 항변, 궤변을 주장하고 있으니 반성하고 시정해야 할 것이다. 결론적으로 '5·16 군민혁명과 10월 유신 선언'이 없었다면 또 제2의 남북 전쟁으로 조국은 공산화 되었고 불법 무정부 상태가 되어 우리는 다 죽었거나 없어졌을 것이다.

제 2 장
12・12군사반란의 망국적 폐해
(사면자도 공범)

불법 비리 만연, 윤리와 도덕이 사라져 혈육에 총칼질, 인명 경시 풍조, 한탕주의 사기꾼 오염국가로 전락!

12・12 군사반란이 우리 국민에게 준 폐해는 너무나 크다. 그것은 우선 피폐하고 결핍된 정신문화를 안겨 주었다. 윗사람을 모르고 낳아준 부모를 모르고 도덕과 윤리를 모르는 무질서의 유산을 남겨주었다. 그리고 지나친 개인의 욕심과 욕망의 투쟁・경쟁 사회를 만들어 메마른 인정 속에서 나만 잘 살겠다고 하는 독선주의가 팽배한 사회가 되었다. 또한 이기주의적이고 배타적이며 이웃을 불신하고 국가를 불신하며 교육을 불신하는 등 각분야에서 엄청난 불신 사회를 만들어 각종 부정부패, 비리를 만연시킨 한탕주의 망국병의 나라를 만들어 놓았다.

특히, 최근 군대 내에서 빈번히 발생하고 있는 군기 사고인 하극상

사고는 참으로 우리 국민들을 우울하게 만들고 있었다. 군대는 국가와 국민의 최후 보루(堡壘)인데 이러한 불행한 사고로 얼룩진다면 국민은 누구를 믿고 살아야 할지 불안과 걱정이 태산이었다. 건국 이후 전례가 없었던 일등병이 장교대위, 중대장을 조준 사살하는 해괴한 상관살해 사건이나 군대 내에서 발생하고 있는 각종 하극상 군기 사고는 우리 젊은 세대들이 잘못되어 있다는 증거였다.

그것은 한탕주의, 군권찬탈이 몰고 온 도덕성 상실이 그들에게 오염된 것으로 전두환 일당이 뿌린 12·12 군사반란이 바로 그 씨앗인 것이다. 지존파의 마구잡이 살인사건이나 교수가 부모를 칼로 찔러 죽이는 인명 경시의 패륜적 범죄사건 묻지마 막가파의 무자비한 살인사건이 끊이지 않는 것도 자신의 욕망을 채우기 위하여 총칼로 상관의 목을 친 군대 패륜아 전두환 일당이 뿌린 씨앗 탓인 것이다.

전국 어느 공직사회에서나 만연되고 있는 공무원들의 세금착복, 부정축재 비리나 부동산 투기 비리도 전두환 일당의 율곡비리와 비자금 축재 비리에서 파급, 오염된 것이다. 정직하게 법을 지키며 사람답게 살고 있고, 살려고 노력하던 대다수 국민들은 어느 날 갑자기 전두환 일당이 부정한 방법으로 권력과 돈 여자를 한꺼번에 거머쥐는 한탕주의를 보고서 힘들게 돈 벌 필요가 없다는 생각에 불법한 방법을 배워 써먹고 그것을 일삼고 있는 것이며, 정의로운 사회건설의 꿈이 깨지고 무질서가 판치는 무법사회가 된 것이다. 이렇게 나라가 나라가 아니고, 사회가 사회가 아니고, 사람이 사람이 아닌, 엉망이 된 무질서 불법의 사기(詐欺) 사회는 정권 찬탈 부정에서부터 부정·비리·부정에 이르기까지 부정의 수괴 노릇을 하면서 이 나라를 망쳐 놓은 전두환 군사반란 수괴와 그 악인들 일당으로부터 발생하고 파생된 것이다. 이러한 무질서 불법사회를 만들어 놓은 국사범, 역사범 전두환 반란수괴와 그

악인 일당을 단죄하지 않는다면 정의사회는 불가능한 것이다.

필자는 이러한 역사적, 국가적, 국민적 소명의식에서 죽음을 각오하고 국민 최초 살아있는 권력 전두환•노태우 두 전직 대통령을 고발했었다. 다행히도 김영삼 문민정부와 사법부는 이를 단죄함으로써 법은 만인에게 평등하다는 교훈을 주었으나 불행하게도 김대중 국민의 정부는 반성 없는 이들을 사면•복권시키는 큰 잘못을 저지른 공범이 되고 말았다. 그러나 필자의 이 고발은 이들의 단죄를 이끌어 낸 원동력이 되었고 조국과 가정의 영광과 명예로 생각하고 있다. 이들의 단죄를 이끌어낸 원동력이 되었다.

10,26 박정희 대통령 시해 사건 이후 최규하 대통령 정부는 국가 전 분야에 순조롭게 민주화 진행이 되고 있는데도 불구하고 전두환 반란 괴뢰 무리들은 터무니 없는 만행을 회책, 대통령 한 번 하겠다고 평소 편애 하며 키워온 육사출신 하나회원을 불법 동원 반란을 일으켜 정계 관례 군 보직을 모조리 자기들 입맛대로 나누어 가지고 먹고 매일밤 승리의 피로 물든 샴페인을 나눠 먹고 엄청 탈나 많이 죽거나 몹쓸 병에 걸려 신음 하고 있다.

특히 직속상관을 체포 고문 폭행하고 대통령을 쫓아낸 죄과와 광주 민주 인사 학생을 학살한 죄상에 대하여는 하나님도 용서치 않을 것이며 총격 발포한 자의 죄는 지옥 가서도 벌을 받을 것이니 불쌍하고 불쌍하다 아니 할 수 없다.

이제라도 발포 책임자는 국민께 용서를 빌고 회개하고 자수하고 광명을 찾고 죽기를 바라야 할 것이다.

제 3 장
정승화 계엄사령관겸 육군참모총장은 내란방조범 기회주의자 인가?

1979년 2월 1일 박정희 대통령에게 보직신고를 하고 있는 정승화 육군참모총장

1979년 10월 26일 오후 7시경, 김재규의 박정희 대통령 시해 내란 사건에 정승화가 방조 개입되었다는 소문은 끊임없이 나돌았다. 그것은 김재규와 절친한 육군참모총장 정승화를 가담시켜 만약의 사태 발생 시를 대비하여 정승화와 같이 거사 내지는 방조한 것으로 계획했던 것이 분명하다고 볼 수 있었다.

평소 김재규와 정승화는 호형호제(呼兄呼弟)하는 친한 사이로 정승화는 김재규에게 고분고분 말 잘 듣는 선후배 사이기도 하였다. 절친한 관계는 육군 제3군단장 전, 후임으로 인수인계한 사이로 통상 군

지휘관들은 떠나고 새로 부임한 전, 후임자가 동향이나 선후배 관계면 친밀하지 않는 관계라도 친분을 가지게 되는 것이다.

더욱이 육군 제1군사령관이었던 정승화는 참모총장으로 임명할 때 국방장관은 통상 복수 추천을 하는데 당시 국가 제2의 실세인 중앙정보부장의 자문을 받는 것은 관례로 정승화와 박희동 육군 제3군사령관 두 사람을 천거해 김재규의 자문을 받을 때 제3군단장 김재규의 후임으로 부임해 잘 알고 친하게 지내는 정승화를 김재규가 추천하고 차지철 경호실장도 OK하여 박 대통령도 순진하게 보인다고 정승화를 참모총장으로 임명하게 된 것이었다. 이와 같은 연유로 인하여 김재규는 정승화가 더욱 내 말 잘 듣는 사람, 가까운 사람, 절친한 사람으로 인정하여 10·26 시해사건 당일에 만약의 문제 발생 시를 대비하여 정승화를 궁정동 만찬장소 안가(安家)로 불러들인 것이 사실이다.

평소 경호실장 차지철과 김재규 사이가 안 좋다는 것을 잘 알고 있었던 정승화는 김재규가 무슨 일을 벌일 것으로 예견하고도 모른 체했고 각하를 살해하고 옆방에서 정승화는 김재규가 물을 달라며 허겁지겁하는 것을 보고도 하나도 이상하게 생각하지 않았다는 것은 사건이 터진 것을 알면서도 모른 체한 것이다. 옆방에서 김재규가 각하와 차지철을 사살하는 총소리가 한 방도 아니고 여러발의 총소리를 듣고도 못 들었다는 모르쇠로 일관되게 말도 안 되는 주장만 한것은 김재규가 범인임을 알고 있었다는 증거가 되는 것이다(많은 국민들은 옆방의 여러 발의 총소리를 못 들었다는 것은 말도 안 되는 변명이라는 여론이었다.)

또한 정승화는 각하의 만찬 장소가 안가인 것을 알면서 청와대 안으로 알았다고 한 것은 거짓말이며 그곳에 중정(中庭) 안가에서 만찬을 하는 것을 알고 있었고, 또한 몇 번 왔던 안가를 처음 왔었다고 거짓말을 하였다. 또한 청와대 경호실 차장 이재전 장군(중장)이 정승화에게 "총장님! 각하께서 사망했으니 어떻게 되느냐?"고 걱정되어 물으니 "대통령은 다시 뽑으면 되지"하며 일국의 육군총장의 말로는 너무 성의 없는 부적절한 표현이었다. 책임을 통감하고 애도해야할 사람이 그렇게 말하는 것은 예의가 아니다. 이것이야말로 의혹이 가는, 김재규 시해사건을 사전 인지한 의심이 가는 표현이었다.

범인이 김재규인 점을 알면서도 모른 체 했고 김재규가 각하 시해 범인인 줄 알면서도 즉각 체포하거나 일련의 조치를 즉시 했어야 함에도 불구하고(정승화 성품으로 보았을 때 혹시 잘못되어 김재규 일당에게 당하지나 않을까 하는 두려움에 어떤 조치를 못한 것임) 상당한 시간이 흐른 뒤에 체포하는 등 각하 시해사건에 동조한 방조범이 확실한 것으로 보는 것이다.

합동 수사대는 이와 같은 사실을 발견하고 조사하려 했으나 최규하 대통령의 윤허 불허로 난관에 봉착되었고, 그 후 일반 법정에서도 정승화, 김재규 내란 방조죄는 무죄로 판결되었으나 12·12 사건에 밀리고 정치 재판이 되어버려 10·26 시해사건 방조죄는 진실과진상 규명이 안 되고 말았다.12·12 사태는 10·26사태 이후 사건으로 10·26 대통령 시해 방조범인 정승화 사건 처리가 종료되었다면 12·12사태는 일어나지도 않을 수 있었을 것이다.

이상과 같은 여러 가지 정황으로 볼 때 김재규의 박 대통령 시해 내란 사건에 정승화가 방조하고 기회주의자인 것은 분명하다고 볼 수 있다. 하여간 일국의 육군참모총장이 대통령 시해 장소 지근(至近) 거리에 있었다는 것 하나만 가지고 따져 보아도 큰 책임이 있고 법적으로도 처벌 받을 책임이 있었다. 따라서 이 사건은 재심 판결이 요구된다. 성승화는 죽고 없지만 사자에 대한 처벌이 필요하다.

제 4 장
뇌경변 2급 뇌경색 다큐작가 우초의
불굴 투혼 눈물의 투병기!! (건강관리 참고 바랍니다.)

발병 경위와 치유 노력

우초는 2007년 2월 3일 정오경 아침 겸 점심식사를 하고 집필중이던, 『한국 현대사와 광해 이야기 자전 대 서정시』를 계속 작업하기 위하여 집필실 의자에 앉자마자 걸려온 전화를 받는 순간, 머리 뒤통수 우측에서 물 같은 것이 쭉 흘러내리는 느낌과 동시에 전화기를 떨어뜨리며 말을 '더더더' 하면서 더듬고 정신을 잃고 쓰러졌다. 잠시 후 일어나려고 애를 썼으나 좌측 다리가 말을 듣지 않아 일어나려다 넘어지기를 몇 번, 책상머리와 책꽂이에 머리를 부딪치며 몇 차례 넘어졌다. 사람이 이렇게 허무하게 죽는구나, 하는 생각과 불안을 느끼면서 '내가 이렇게 죽으면 안 되지. 아직 할 일도 많은데. 특히, 나의 도움을 기다리고 있는 억울한 많은 민원인들을 위해서도 죽어서는 안 된다'는 생각이 번뜩 떠올라 정신을 다시 차려 전화기를 찾아 집어들고 119번을 눌러 구조 요청을 하였다. 잠시 후 사이렌 소리와 동시에 구급 요원이 도착했다(가족은 처조카 아기 백일잔치 참석으로 부재), 2시간 내에 병원에 도착해야 살 수 있는 위급한 병인데 1시간 내에 보훈병원에 신속히 도착, 응급 처리가 잘 되어 살 수 있었다.

내가 살 수 있었던 것은 하나님의 크신 은혜로 생각하였다. 응급치료는 받았으나 환자가 너무 많아 중환자 입원실이 없다고 하므로 지인(知人)이 있는 건대 의료원으로 이송을 요구하였더니 쾌히 승낙하여 이송되었다. 모든 검사를 다시 하고 중환자실에서 입원 첫날 밤을 보냈다. 각종 검사 기계 경음(硬音) 소리는 기분 나쁘게 들리고 숨은 차고 목은 마르고 답답하여 가슴이 터질 것만 같은데 중환자는 그 누구도 '면회금지'라고 보호자의 면회도 허락지 않아 숨을 쉬지 못할 정도로 힘들었다. 중환자실이 아니고 지옥실이라는 생각이 들었다.

건대 의료원에서 약 1개월간 치료를 받고 국가유공자인 나는 보훈병원 입원을 원했다.

보훈병원 입원 담당자는 보훈병원과 동일한 의료 서비스를 받는 협력 병원인 도봉구 도봉동 소재 도봉병원으로 입원할 것을 권유하여 도봉병원으로 후송되어 재활 치료를 받게 되었다. 그곳에서 약 3개월간 재활 치료 후 보훈 병원으로 다시 입원되어 치료를 받았다.

나는 뇌경색으로 쓰러졌으나 뇌인지(腦認知)에는 아무 이상이 없음을 알고 고마움에 하나님께 감사기도를 드렸다. 참으로 다행이라고 생각하였다[대부분의 뇌졸중(뇌경색) 환자는 인지가 나빠 말을 못 하거나 기억력 상실, 난청, 난시, 대소변을 가리지 못하고 밥을 못 먹고 고무호스로 먹는다든가 코와 침을 흘리는 등 고통이 많음] 아직은 하나님께서 나를 사랑하시고 부르시지 않는다는 것을 깨달았다. 운전 중이거나 산속 깊은 곳에 등산 중이었다면 대형 사고로 남까지 피해를 주거나 시체도 찾지 못하는 불행한 사고가 될 뻔하였다.

그러나 좌측 수족을 못 쓰는 불구가 되었으니 이제 내 인생은 끝이구나, 하는 자괴감 때문에 좌절과 절박감으로 극복하기 어려운 투병 생활이 시작되었다. 나는 지금까지 살아오면서 중환자로 병원에 입원한 경험이 없어 각종 질병에 대한 상식도 없는 가운데 입원하였고 뇌졸중이 무슨 병인지도 몰랐다. 치료 받으면 완치되는 병인 줄로만 알았다.

그 후 이 병이 난치병 '중풍'이라는 것을 알았다. 뇌졸중은 발병으로부터 6개월 내지 1년 이내 바짝 서둘러 치료하면 치유된다는 병을 잘 몰라 세상에 태어나 좋은 일과 남을 돕는 봉사를 많이 하고 고급 장교 출신으로 정의롭게 살았고 정부가 인정한 정의로운 민주시민운동가인 내가 무슨 큰 죄를 졌다고 이런 난치병이 생겼나? 하는 원통한 생각에 분노가 치밀어 화만 났다. 모든 사람들이 위로해 주는 말도 나를 해롭게 하는 말로 들리고 스트레스를 더 많이 쌓이게 하여 죽게 하려고 하는 음흉한 말로 들렸다. 이 병은 화를 내지 말고 스트레스를 조심해야 한다. 뇌졸중은 뇌경색, 뇌종양 등 수십 종의 뇌 질명이 있는데 발병 예방법은 기름진 고기와 과식, 과음 금지, 절제 있는 부부생활, 흡연, 매연 등의 공해 흡수를 금해야 한다. 치료방법은 운동밖에 없다. 특히 증상이 좋아졌다고 해도 재발 예방에 유의해야 한다. 현재는 남녀노소 연령에 구분 없이 환자가 발생하고 있음을 유의해야 한다. 뇌졸중 발병에 중요 원인은 스트레스와 과로이다. 그럼에도 불구하고 과로를 하는 바람에 늘 머리 두통과 못 쓰는 좌측 수족의 무거운 통증에 시달리고 있었다. 그러나 늘 집필활동이 생활화되어 온 정력을 쏟고 살았다. 가족들은 글 쓰는 것을 삼가고 은퇴하고 쉬라고 하지만 각종 매체에서 투고 요청이 끊이지 않아 쉬기도 쉽지 않았다. 정신 인지 상태는 쓰러지기 전보다도 기억력이 좋고 밥 먹고 자고 똥만 쌀 수 없어 건강할 때 하던 집필활동 등 거의 다 하면서 소일하였다.

물론 7년간이란 세월을 만성 복통, 두통과 싸우면서 저서(에세이) 제 6권을 3년간 통증과 싸우며 집필하였다. 그러나 책이 출판되고 수정 보완할 부분이 있어 그 부분의 교정 작업을 계속 했는데 2013년 10월 29일 부분 통증으로 항상 고통스러웠다. 좌복부, 가슴, 등, 피부 전신에 통증이 찾아왔다. 참을 수 없는 고통 때문에 자택에서 가까운 도봉병원을 찾아가 X레이 촬영 등 응급치료를 하였으나 진료결과는 통증원인을 찾을 수 없다며 큰 병원으로 가서 진료를 받으라고 하였다. 나는 집으로 돌아와 전신 통증과(호흡곤란까지) 싸우다 10월 30일 아침 일찍 중앙보훈병원 응급실을 찾았다.

오진으로 또 한 번 고충

여러 가지 검사를 하였으나 변비로 인한 가스가 차서 통증이 발생했다며 관장을 2회나 하는 등 오진에 오진을 거듭하다가 늑막과 폐에 동시에 염증이 생겨 물피가 고여 있다는 진단을 받았다. 즉, 혈흉이라는 것인데 늑골(갈비)이 부러질 때(골절) 고정 치료를 잘못하면 피가 몸속에 주머니를 만들어 고여 있는 것을 혈흉이라고 하는데 이 피물을 빼내야만 통증이 가라앉게 되어 있다는 것이다. 병실로 옮겨 핏물을 빼는 것과 통증 치료를 하는 중에 X레이 상 또 이상 발견이 되었다면서 위태롭다고 중환자실로 옮겨졌다. 의식에는 아무 이상이 없는데(의사 말로는) X레이 상 이정도로 나타나면 의식이 혼미해지고 수 시간 내에 사망할 수 있다면서 중환자실로 옮기도록 해서 중환자실로 이송되었다. 그러나 내 정신(의식, 인지에는) 이상이 없었고 정신도 또렷하였으나 1주일을 중환자실에서 천당과 지옥을 왔다 갔다 하는 신기한 치료를 받고 다시 호전되었다고 일반병실로 옮겼는데 2~3주일 후 치료가 완치되었다면서 퇴원을 하라는 것이었다. 참으로 어이가 없었다. 이 또한 의료진을 신뢰할 수 없는 환자가 되었다. 필자는 이왕 입원된 불구의 뇌경색 환자이니 재활과 치료를 받고 퇴원하겠다고 하고 현재 집필 중인 저서의 교정 보완 출판을 위해 지금까지 만 7개월째 입원치료(재활)를 받고 있다. 병원치료야말로 웃음을 자아내는 해프닝이었다. 독자 여러분도 갑자기 입원하는 경우에는 오진 없는 진료를 받기 위해 노력해야 하나 의료사고를 알아내기는 참 어려운 것이다. 많은 환자들 중 입원해서 새로운 병이 더 생겼다. 더 악화되었다는 말들을 더 많이 한다. 서로가 믿고 진료받는 사회가 오기를 기대해 본다.

83kg 체중이 69kg으로 감소, 건강적신호가 오는 줄 알고 정신바짝차려 하나님 치유은혜받고 원상 회복하는데 성공하였다. (아내의 휠체어 도움을 받는 김 작가)

12•12 반란군과 교전부상 후유증으로 인하여 뇌졸중(뇌경색) 발병으로, 잡다한 신병 발병으로 40여 년 입원 투병 생활에 아내는 헌신적으로 철저한 보호자 임무와 간병으로 작가는 많은 치유가 되었고 아내의 건강은 점점 나빠져 매일 속으로 울고 있다.

제 5 장
박정희 대통령의 생애 공과(功過)
<공로, 인간, 삶, 정치철학, 위기>

박정희 대통령이 생전에 가족들과 단란한 시간을 보내고 있다.(안고 있는 어린이가 지만군)

　박정희는 1917년 11월 14일, 경북 선산군 구미면 상모동에서 아버지 박성빈씨와 어머니 백남의씨 사이에 5남 2녀 중 막내아들로 태어났다.

　박정희는 일곱 살 때 구미보통학교에 입학하였다. 집에서 학교까지 왕복 40리의 통학거리를 6년간 한 번도 빠지지 않았고 4학년 때 반장이 되어 줄곧 1등을 하였다. 그는 지각을 하지 않기 위하여 뛰어다니기 일쑤였고 교칙을 지키는 데 철저하였다. 6학년 때 성적은 12과목 중 10과목이 100점 만점이었으며, 구미보통학교 출신으로 처음으로 대구사범학교에 진학하였다.

　그는 이후 1937년 대구사범을 졸업한 뒤 경북 문경공립보통학교에서 교사(敎師) 생활을 하다가 만주제국(滿洲帝國) 육군군관학교에 입학하였다. 박정희는 한국인, 만주인 합격자 총 240명 중 15등으로 입학하였고 해방 3년 전인 1942년에 1등 수석으로 졸업하였다. 이 때 만주제국의 마지막 황제(皇帝) 부의(賻儀)로부터 당시 최고가(最高價)인 최고급 금시계를 상으로 받았다.

그 후 2년 뒤인 1944년 4월, 일본 육군사관 학교에 입교, 졸업하였고, 만주군 기병 제8단에 근무하면서 장래가 촉망되는 영특한 장교로 선발되어 단장의 부관(副官), 보좌관으로 근무하였다. 박정희는 욕심이 많고 구두쇠 심리가 있었다. 어려서 너무 가난하게 자랐던 것이 부(富)에 대한 강한 집념(執念)으로 변한 것이다. 박정희의 이런 심리는 국가 경제개발 계획 수립 정책에도 반영되었다. 또한 고집이 세고 의문사항은 꼭 확인하는 점, 기억력이 탁월하고 똑똑한 점, 깨끗하고 청결한 점을 좋아하는 점 등은 그의 강인한 성격을 대변해 주고 있다.

박정희는 일제시대에 출생하여 일본의 교육과 규율 속에서 성장했다. 따라서 군국적(軍國的) 사상(思想)이 그의 사고방식(思考方式) 형성에 많은 영향을 끼쳤다. 일본군의 목적은 충성밖에 없었다, 하나도 충성, 둘도 충성이었다. 박정희는 대통령이 되어서도 그의 의식 밑에 깔려 있던 일본 군인정신과 대일지향성(對日指向性) 태도(態度)가 국가 통치에 연계(連繫)되었다고 볼 수 있었다.

이승만은 장기집권을 위해 반일 감정을 국민에게 교묘히 부추겨 이용했지만 박정희는 집권 18년 동안 조국 경제건설을 위해 일본을 이용했다. 반일 감정을 떨쳐버리도록 노력하여 이승만과는 정반대의 통치 행위를 하였다. 1962년 11월 12일 '김종필 오히라 메모' 합의, 1965년 6월 22일 '한일 협정조인', 1965년 12월 18일 '한일협정비준서' 교환은 바로 이를 증명해 주고 있다.

박정희는 5·16 군민혁명 이후 우방 미국의 인정을 받기 위하여 노력하였다. 당시 미국 대통령 케네디는 5·16은 친공(親共)계 젊은 장교들이 일으킨 용공적 쿠데타로 인식했었다. 그러나 방정희 소장은 혁명 공약인 반공을 국시(國是)의 제1로 삼는다는 공약, 그리고 동북아 안보 체제 구축에 적긍성을 띤다는 선언으로 무리 없는 한미관계로 출발할 수 있었다.

박정희 대통령의 한국군 월남 파병은 오늘의 경제성장과 국민을 잘 살게 한 원동력이 된 역사적인 대사건, 결정으로 '경제발전의 역사적 의의'를 가지고 있다. 미국의 요청에 의하여 시작된 월남 파병은 비동맹 국가를 비롯한 일부 미국인들과 서방세계에서 '미국의 용병국'이라는 말도 들었지만 박 대통령은 이에 흔들리지 않고 확고한 한미관계를 더욱 밀착 강화시켰고 미국의 지지와 경제적 이득을 노렸다. 그 결과 통치권자로서의 위치를 확고히 함은 물론, 엄청난 외화와 물자를 들여와 경제건설의 초석을 다졌다

한동안 사이좋던 한미의 혈맹(血盟) 관계가 1971년 3월 주한 미 7사단의 철수를 시작으로 틈이 벌어지기 시작하였다. 이 미군 철수는 1969년 닉슨 대통령의 '닉슨 독트린 선언'에 의해 시작되었다. '닉슨 독트린 선언'이란 "아시아인의 안보는 아시아안의 손으로 해결해야한다"는 선언이었다. 당시 미국은 미군 철수를 강행하겠다는 적지 않은 압력을 가하였다.

이 선언이 발표되자 박정희 대통령은 어차피 우리나라는 우리가 지켜야 한다면서 1971년 12월 6일 '국가 비상사태'를 선포하고, 그 다음 해인 1972년 10월 17일에는 자주국방을 위한 '10월 유신'을 탄생시켰다. 1970년대 들어와서 박정희가 보인 대미 태도는 민족주의적(民族主義的) 입장을 견지한 반면 개인적인 독선주의도 있었다. 맹방인 미국

이 우리에게 계속되는 미군 철수 강행은 미국이 맹방에서 멀어지는 것으로 느껴졌기 때문이었다. 특히 당시 더욱 미군은 청와대를 도청하여 배신감과 민족적 감정이 섞여 있기도 하였지만 더욱 중요한 것은 박 대통령 통치권에 미국이 간섭한 것은 자주권과 내정 간섭이라고 생각한 것이 크게 작용한 것으로 판단되었다.

이 10월 유신은 점진적으로 미군이 완전 철수한다고 하니 우리나라는 우리가 지킨다는 확고한 '자주국방' 의지 천명이 필요했다. 또한 용공주의자와 간첩들의 정권붕괴 획책과 전국 각지에서 일어나는 소요와 학생 데모로 연일 국가가 불안과 혼란이 가중되어 잘살아 보려고 노력하는 우리의 경제개발계획 추진에도 지장과 악영향에 휩싸여 이에 대비 '우리는 싸우면서 건설해야' 하는 운명에 처하게 되어 국가를 굳건히 지켜야 하는 자주국방 의지와 무제한적인 자유를 일부 제한하는 한국적 민주주의를 실현하고 국가 장래를 위한 국가의 가장 효율적인 통치권적 차원에서 고뇌에 찬 최고의 결단을 내리고 국내외에 천명한 것이 박 대통령의 '10월 유신 선언'이었다.

이러한 '10월 유신 선언'의 주요 배경도 잘 모르면서 일부 정치인 18대 대선후보들과 방송토론에 나온 정치평론가라고 하는 사람들은 장기집권, 독재를 하려고 한 것이라는 등 국가 안위나 후손에 장래를 생각지 않는 무책임한 발언은 참으로 개탄스러운 일이 아닐 수 없었다(당시 필자는 사단 사령부 장병정신교육 장교로 호소력 있는 장병교육으로 많은 장병의 공감을 산 바 있다.) 대선후보나 정치인 들은 당시 국내외적으로 처했던 국가 환경 정세를 모르는 무식의 극치로 현대사, 역사 공부를 더 하고 10월 유신 비난 발언을 취소하고 사과해야한다. 즉, 박대통령은 미국이 미군을 철수한다고 하니 갈 테면 가라는 '자주국방' 의지와 한국적 민주주의 실현을 천명한 것이다. 또한 우리는 미국의 예속국이 아닌 자주국이며 동등한 주권과 동등한 국가임을 재천명한 것이다.

박대통령의 공(功)은 열거할 수 없을 정도로 많으나 제일 큰 업적은 지금 우리가 평화를 누리며 배고프지 않고 잘살 수 있게 한 경제적 기반을 튼튼하게 한 것과, 보릿고개를 없게 한 빈곤 퇴치로 밥먹고 살게 한 것이며 국가 전 분야를 공업화 산업화로 이끌어 실업자 없는 낙원국가를 만든 산업혁명이라고 할 수 있다. 그는 그의 저서 『민족의 나갈 길』에서 5천 년 민족의 가난을 물리쳐 온 국민이 잘사는 국가를 만드는 것이 꿈이고 희망이며 반드시 실현하키겠다는 강력하고 굳은 의지를 표현한 바 있었다.

지금도 세계 각국에서 본받고 시행하고 있는 새마을운동, 고속도로 건설 등은 경이적(驚異的) 안목의 발상이었고, 경제 개발 1, 2, 3, 4, 5차 5개년 계획을 세워 강력하게 추진, 실천하여 많은 수출과 외화 획득으로 지금의 부강한 대한민국을 만드는 기반과 초석이 되었다. 고속도로 건설을 반대하던 야당 국회의원들은 고속도로를 만들어 놓으니 제일 먼저 그들이 전용으로 사용하면서 참으로 잘 만든 도로라고 이구동성으로 찬사를 아끼지 않았다. 씁쓸한 마음이 들지 않을 수 없었다.

또한 못사는 나라 조금이라도 잘살게 해보려고 독일에 젊은 간호사와 광부를 파견하여 외화를 벌어 들였다. 필자 또한 자유수호의 일원으로 월남전에 파병되어 피땀 흘리며 싸웠고 죽을 고생도 많이 하였으나 지금의 잘사는 나라를 만드는 기반과 초석을 만들었다는데 그 무엇보다도 큰 자랑이 아닐 수 없으며 보람과 긍지를 가지고 살고 있다. 월남 파병으로 수많은 외화를 벌어들이고 물자도 들여올 수 있었다. 박정희 대통령은 집권하는 동안 잘못과 위기도 있었으나 탁월

한 지혜(知慧)와 기지(畿智)로 위험한 고비를 잘 넘길 수 있었다.

박 대통령, 육영수 여사 부부가 청와
대 앞뜰에서 단란한 모습으로 환하게
웃고 있다.(육영수 여사는 소박한 마음
때문에 국민들의 가슴에 가장 인상적
인 퍼스트 레이디로 자리 잡고 있다)

당시 야당은 야당 연합 공천 후보로 김영삼을 제치고 김대중을 내
세웠다. 많은 국민과 야당 재야인사들의 절대적인 지지를 받고 더욱
이 여당 성향의 군인 공무원의 지지까지 얻어 출마한 김대중은 자신
이 당선되리라 확신하였다. 그러나 투표결과는 박정희의 승리였다. 군
인 출신인 박정희에게 저항감을 가졌던 대다수 국민들의 김대중 지지
도 박정희를 낙선시키는 데는 역부족이었다[필자는 당시 육군대위로
성남에 있는 육군 종합행정학교(교장 : 정승화 육군소장) 政訓(정훈)고등군
사반(O.A.C) 피교육 장교로 교육 중이었는데, 장교 피교육생 1,000여
명은 창곡동에 마련된 투표소에서 투표를 했고 개표결과 박정희가
40% 김대중이 60%를 득표하였으나 지역투표에서는 전라도보다 경상
도에서 박정희가 승리하여 당선되었다. 이때 특이사항은 김대중의 고
향인 목포는 박정희 표가 더 많이 나온 이변이 있었다] 당시 이 선거
야말로 사상 유래 없는 공명정대한 역사적 선거였다는 정부와 선관
위 발표가 있었고 국민들도 절대적으로 인정하였다. 당시 부정선거는
자유당 부정선거로 인하여 꿈도 꿀 수 없는 선거정치 시대였다.

박정희의 과오(過誤)는 그동안 국가적 어려움을 잘 극복(克服) 조치 하였으나 국민들이나 정치인이나 시대에 예민한 학생들은 박 대통령 의 한국적 민주주의를 잘 몰라 독재적 통치행위로 인식하고 회의를 느끼기 시작했다. 박 대통령은 국가 위기라고 판단되면 위수령(衛戍令) 을 발동했다가 계엄령(戒嚴令)을 선포하고 또 긴급 조치를 발동하여 다 스려 곧 평온을 찾게 하였다.

　그는 세계의 으뜸 정보기관을 창설, 국가 통치에 잘 운영하였으나 제1야당의 당수를 제명시키는 오류와 의회 민주주의 발전을 정지 내 지는 후퇴를 시키는 화(禍)를 범하기도 하였다. 이것은 국내 정세의 평 화를 위하여 시대적으로 강력한 통치가 요구되고 필요하다고 판단해 서 취한 조치라고 보아야 할 것이다. 또한, 최근에 박 대통령은 일부 언론에 보도된 월남전 당시 미국에서 한국군 장병에게 지급도록 한 전투수당 (장병 1인당 월 65불씩 지급)을 장병에게 지급하지 않고 스위스 비밀계좌에 예치되어있다는 확실한 증거 없는 루머가 난무하고 있으 나 당시 미국으로부터 받은 원조금은 고속도로 건설 경제건설에 상당 부분 사용한 것이 확실한 것이나 잔여 남은 돈은 예치하였다고 주장 하는 단체와 언론이 있었으나 사실 여부를 정부에서 조사나 확인한 것도 없고 확실한 근거가 아직까지는 없으므로 추측에 불가할 뿐이 다. 죽은 자에 대한 명예손상은 아닌지 안타까울 뿐이다.

　반면 박 대통령은 연속 불운이 닥쳤다. 국가 통치의 결정적 내조자 인 부인 육영수 여사의 갑작스런 서거로 고독한 생활이 시작되었고, 여기저기서 누수가 생기기 시작했다. 급기야 부하의 충성 경쟁 권력 싸움에서 불행이 찾아와 부하의 총탄에 유명을 달리하고 말았다. 이 로써 18년간의 제2,3공화국의 문을 닫고 말았다.

제 6 장
전두환 죄과(罪過) 처벌해야 나라 바로 설수 있어.
나는 왜 전두환, 노태우 전 대통령을 고발 했나!

살인•반란죄로 고급장교출신 국민최초의 목숨걸고 단독 고발

필자는 사병생활, 부사관(하사관)생활, 장교생활을 포함하여 만 20년간 군복무를 하고 육군 중령 계급으로 전역하였다. 군대생활 20년에 고급장교로 정상적인 제대를 한다면 흔해빠진 훈장 하나 의례적으로 받을 수 있고 전 장병이 운집한 가운데 성대한 전역식을 하는 것은 보통이었다. 그러나 초라하기 짝이 없는 전역장 하나를, 수여식이나 수여자도 없이 담당 사병으로부터 달랑 받고 나왔다.

다행히도 월남 복무 1년이 전시근무로 인정되어 2년이 가산되어 당시 봉급의 52%를 수령할 수 있는 연금수급자가 되었다. 그래봐야 연금은 당시 월 20만 원 정도로 우리 다섯 식구 생활로 절대 곤란한 금액이었다. 더욱이 3남매 모두가 중고등학교를 다녔고 한창 교육비가들어갈 때 전역을 하였으니, 생활이 막막하여 공사판 막노동을 비롯하여 이것저것을 다 해야 했다.

　필자는 앞에서도 말했듯이 12·12 군사반란으로 인하여 고급영관장교 중에서 가장 많은 고통과 피해를 당하였다. 그것이 전두환·노태우를 고발하게 된 직접 동기였다면, 간접 동기는 굴절된 민족 정기와 역사를 바로 세워 정의로운 나라를 만들어야 겠다는 생각에서였다. 나의 고통과 피해라는 것은 솔직히 말해서 먹고살기 힘든 것을 말한다. 사람이 먹고살기 힘들 때, 나를 이렇게 만든 사람을 저주하고 저항하는 것은 당연하다고 본다.

　그런 의미에서 내가 전두환·노태우를 고발했다고 한다면 틀림없을 것이다. 물론 국가와 정의로운 사회를 이룩하기 위하여 우선 고발을 한 것은 사실이지만 그것은 후차적일 수도 있다. 그러니까 고발 이유를 군이 더 밝힌다면 솔직히 위의 두 가지가 복합되었다고 할 수 있다.

　12·12 군사반란시 총격 중상을 당한 육본 작전참모부장 하소곤 장군의 보좌관이었다는 이유 하나만으로 겁 많은 실세들이 나의 소원을 안 들어주는 데 분노했고, 5·6공 시절 전두환·노태우 두 최고실력자에게 나의 애로사항을 탄원해 보았으나 이렇다 할 소식이 없었던 것이 더욱 감정을 악화시켰다. 그것은 아마 비서진에서 별 볼일 없는 놈이라고 파기시켰든가, 두 실력자 양반께서 보고 받고도 모른척 했든가 둘 중 하나 일 것이다. 나에게는 생사가 달린 탄원이었으나 소용없는 짓이었다.

　당시 12·12 피해자 중에 장군 출신들은 돈을 주고 취직시켜 밥을 먹게 해 주었는데 영관장교 출신은 강 건너 불구경하듯 취급했다. 그것은 "네깟놈이 뭐 대단한 놈이라고. 너까지 신경 쓸 수 없다"는 안일한 생각을 했을 것이고, 그 안일한 생각이 결국 고발의 단초가 되어 구속까지 될 줄은 꿈에도 몰랐을 것이다. 인간의 존엄성과 평등권은 말단 막노동자나 대통령이나 같은 것이며, 이등병이나 대장이 같은 것이고 초급장교나 장군이 다를 바 없다. 또한 개인에 따라서는 장군이나 장관, 차관보다도 더 훌륭하고 낫다고 자부하는 사람도 많이 있다. 적어도 12·12 군사반란 직간접 피해 장병에 대해서는 어떤 명목이라도 보상대책을 세워줘야 했다. 이런 문제들을 5·6공 정권 시에 해결해 주었어야 했다. 이런 이유가 나의 첫째 고발 이유라고 할 수 있다.

둘째는 12·12 군사반란 피해에서 온 정신적 안정을 찾기 위한 심리적 수단의 하나였다. 필자는 12·12 반란사건 이후 9개월의 무보직 고통에서 온갖 신병을 얻어 죽을 결심까지 했었다. 그로 인한 육체적, 정신적 피해는 필설로 형언하기 어려운 고통이었으며, 따라서 정신적 피해 보상심리가 작용한 고발이었다.

셋째는 김영삼 대통령의 문민정부가 출범하면서 국가 전체를 한탕주의 한국병으로 만든 부정부패의 원흉 전두환·노태우 전직 대통령을 처벌해야 국가개혁이 가능하다고 보았다. 3당 통합에 의해 탄생된 문민 대통령의 개혁은 한계가 있다고 판단해서 대통령을 돕겠다는 생각과 대통령을 돕는 일이라는 확신을 가지고 고발하였다. 이 세 번째 고발 이유가 가장 중요한 이유라고 할 수 있다. 특히, 이와 함께 굴절된 역사를 바로 세워야겠다는 역사적, 국가적, 국민적 소명에서 고발한 것이다.

1993년 5월 19일 오후 2시, 대검찰청 기자실에는 나의 고발 소식을 듣고 보도진 100여 명이 치열한 보도경쟁을 벌였다. 원래는 5월 12일 고발장을 접수하려고 준비를 마쳤는데 5월 11일에 할머니께서 운명하셨다.

할머니는 아버지를 비롯하여 세 아들과 두 딸을 두셨다. 그러나 12·12 군사반란 이후 셋째 숙부, 둘째 숙부, 아버지의 역순으로 모두 작고하셨다. 세 아들을 모두 앞세운 할머니의 불행한 운명이나 나의 불행은 일맥상통하는 것이었다. 승승장구하던 내가 12•12 군사반란 이후 하루아침에 몰락했고, 우리 가정에는 불행한 사건이 연속 일어났다. 우리나라 전래속담에 망하는 가정을 가리켜 '망조가 들었다'는 얘기를 하는데 마치 우리집이 그와 같았다. 결국은 필자가 뇌졸중으로 쓰러져 지금까지 고생하고 있다. 이것은 우연의 일치가 아닌 우리 가정의 몰락을 예고하는 불행의 징조였다. 상주(喪主)로서 할머니 장례를 마치고 삼우제(三虞祭)까지 지낸 다음 서울로 올라왔다. 천근만근이나 되는 몸을 이끌고 대검찰청으로 향했다.

고발 20여 일 전에 내가 직속상관으로 모시고 총상을 당한 하소곤 장군과 절대 피해자인 정승화 장군 댁을 방문했다. 정•하 장군에게 "전두환과 노태우 두 사람을 고발하겠다"는 이야기를 하였다. 그러나 하 장군, 정 장군은 찬성하지 않았다. 이제 그들을 고발해서 굴절된 역사를 바로잡아야 한다고 주장했으나 아직은 고발 시기가 아니라고 하였다. 겁쟁이 들이 었다. 그러나 공소시효가 1년 반밖에 남지 않아 더 기다릴 수 없다고 판단했다. 더욱이 내가 잘 아는 전두환 쪽 계열의 이 모 대령과 김 모 대령은 나의 고발 계획을 적극 찬성했다. 그들은 전두환 때문에 반란에 가담했던 사람들도 후회하는 사람이 많다는 것과 육사의 명예가 땅에 떨어져 육사를 나왔다는 소리를 못 하고 산다는 것, 군복을 입고 다니는 것이 창피해서 제대를 한 고충을 이야기 하였다. 그들과 합동고발을 제의했으나 그들도 사양하였다. 드디어 많은 것을 생각한 끝에 온갖 위험을 각오하고 단독고발을 하기로 마음 먹고 고발장을 가지고 대검찰청을 찾아가 접수시켰다.

그날 저녁 5시 30분, 첫 TV 뉴스에 나의 고발이 일제히 보도되었다. "12•12 사건 당시 현역 중령인 김광해(교통관광저널 사장)씨가 국민으로, 고급장교 출신으로는 최초로 전두환•노태우 두 전직 대통령을 살인죄, 내란죄, 반란죄로 고발했다"는 보도가 신문과 방송을 타고 나갔다.

첫 뉴스를 본 하 장군은 제일 먼저 전화를 걸어왔다. 좀 격한 어조로 "정신 나간 놈이 아니냐? 고발할 때가 아니라고 했는데 왜 고발을 했느냐?" 하는 것이었다. "네, 알겠습니다. 사람이 한 번 죽지 두 번 죽겠습니까? 죽을 각오하고 고발했습니다. 결과만 보십시오 좋은 결과가 올 것입니다. 걱정하지 마십시오"하고 전화를 끊었다.

미국에 거주하는 육사 4기생 임규호(林圭鎬)씨를 비롯해 독일, 일본 등 해외 동포와 수많은 국민들의 전화, 축전, 편지가 쇄도했다. 모두들 조심하라고 주의를 환기시키면서 용기 있고 훌륭한 일을 했다고 칭찬을 아끼지 않았다. 한국에는 용기 있는 사람이 너무 없다고 하면서 신의 가호가 있을 것이라고 하였다.

고발 후 살인청부업자 "죽인다" 협박 전화

반면에 방송 신문에 고발 보도가 난 첫날 밤부터 전두환 측근으로 보이는 40~50대 사람의 괴전화를 받았다. 그는 나에게 "네가 죽을 시간이 얼마 남지 않았다. 죽기 싫거든 고발을 취소하라. 그리고 국민화합 차원에서 취소했다고 신문광고를 내라. 광고비는 필요하다는 대로 보내주겠다"며 대충 이런 식으로 3~4일 간격으로 전화협박을 하였다.

나는 협박한 자에게 "이미 때는 늦었다. 나에게도 명예가 있고 자식을 키우는 아버지로서 전두환과 같은 불명예스러운 아버지가 될 수 없다. 그리고 너희들에게 죽는다면 더욱 영광이고 테러를 당한다면 더욱 좋겠다. 그러나 반드시 알아둘 것은 내가 너희들에게 죽는다든가 테러를 당하면 전두환도 죽는다는 것을 확실하게 알아야 한다"고 말했다.

또 어떤 사람은 "전두환 측근으로부터 당신 가족몰살과 당신 살인 청부를 받았는데 내 상식으로는 아무리 생각해도 위험천만한 일로 생각되어 승인하고 포기하고 전화하니 몸조심하라"고 일러주었다. 참으로 황당하여 무슨 말이냐고 물으니 그는 "내가 당신 죽이는 건 밥 먹기보다 쉬운데 내가 제3자에게 쥐도 새도 모르게 죽을 것 같아(케네디를 죽인 오스왈드를 죽인 범인은 잡지 못하고 지금까지 미궁사건으로 남아있듯이) 처음에는 청부 살인 승낙을 멋도 모르고 했다가 그만두었다"면서, "당신은 아무나 못하는 전·노 전직 두 대통령을 최초 고발한 고급장교라는 것을 전 국민이 다 알고 있고, 국가를 위하여 목숨 걸고 일하는 너무 유명인으로 언론과 경찰의 보호를 받고 있는 것을 다 알고 있으므로 당신을 죽인 뒤에 범인을 잡는 것은 시간문제이므로 괜한 고생이나 죽을지도 모르는 일을 할 것 같아 포기했다"는 것이다.

이 말을 듣고 적지 않은 충격을 받았다. 만약 이 말이 사실이라면 그들은 지금도 청부 살인자를 구하기 위하여 눈을 시뻘겋게 달구고 있지 않을까, 하는 생각 때문이었다. 그러나 한편으로는 마음의 안정을 되찾고 '나 죽이면 나 한 사람 죽지만, 너희들은 반란을 일으킨 수십 명이 국민한테 죽는다'는 생각을 한 후에는 조금도 위축되거나 두렵게 생각하지 않았다.

한동안 건국대 대학생들이 나의 집과 나의 경비, 경호도 해 주었고, 두 아들의 특별경호를 받으며 출퇴근을 하였다. 나는 이들의 협박 전화를 경찰에 신고할까도 생각하였으나, 일을 더 복잡하게 만들 수도 잇다고 판단해서 합동고소인 모임의 일목회 회원들과 의논해서 신문사에 알린 뒤 결과에 따라 수사의뢰를 하기로 하였다.

그 후 회원들과 의논한 결과 1993년 6월 30일, 검찰청 기자실을 찾아가 이 같은 협박사실을 알렸다. 그리고 협박으로 인한 심한 신경쇠약 증세로 잠을 못 이루는 고통도 호소했다. 다음 날, 각 신문들과 방송들은 나의 협박사실을 일제히 보도했다. 그 후로는 협박전화가 딱 끊겼다 결국 나의 고발 소식은 모든 국민에게 큰 감명과 신선한 충격을 주었다 나를 돕겠다는 교회도 있었고, 단체도 있었고, 개인도 있었다. 그러나 그런 도움을 받으려고 고발했던 것이 아니므로 모두 사양했다. 정승화 총장도 고발에 찬사를 아끼지 않았다. 장군들이 먼저 해야 할 일을 감광해 중령이 해냈다고 용기 있는 행동을 극구 칭찬하였다.

고발 이후 예비역 장성들로 자연스럽게 만들어진 12·12 쿠데타 진상규명위원회(대표 정승화)의 간사(사무총장)라는 중책을 맡았다. 처음에 6~7명으로 시작하여 11명으로 늘었고, 나중에는 23명이 되었다. 고발 이후 만 두 달 후인 7월 19일에는 정 총장을 비롯한 22명의 예비역 장성들에 의해 합동고소가 이루어졌다. 결국 나의 고발은 합동고소의 도화선 역할을 하였다.

제 7 장
10·26 박정희 시해 사건의 진실

박정희의 18년 집권 정치는 10·26 박 대통령 시해 사건으로 막을 내렸다. 1979년 10월 26일 오후 7시경 서울시 종로구 궁정동에 위치한 중앙정보부장 숙소(일명 안가)에서 박 대통령은 중앙정보부장 김재규가 쏜 총탄을 맞아 현장에서 사망하였다. 김재규가 경호실장 차지철과 권력 다툼을 벌이다 자기보다 차지철이 대통령의 총애를 더 받는다고, 편애한다고 생각하여 차지철과 박 대통령을 동시에 죽여 버린 끔직한 권력투쟁(權力鬪爭)의 살인 사건이었다.

박정희의 통치에는 제2인자란 있지도 않았고 두지도 않았다. 수도경비사령관으로 과거 박정희의 보좌관(부관)을 하였고 충성심이 유달리 강했던 윤필용이나 김형욱, 이후락 등 중앙정보부장의 임명이나 해임 그리고 구속이나 추방 등이 과거의 총애와 무관하게 단호하였다. 박정희의 특이한 사항은 경제, 과학 분야의 인재를 아낀점과 고급 관리의 여성 관계는 너그러운 편이었다. 장관과 여비서의 추문도 권력

기관장의 축첩 행위도 눈감아 주었다.

권력가인 박정희는 권력 자리의 장관보다 비권력 자리인 경제 분야, 과학 기술 분야 인재를 더 믿고 아꼈다. 이는 무엇보다도 국민을 잘살게 해야겠다는 그의 철학 소산(所産)으로 국가 경제 부흥의 주역들인 경제— 과학 분야 관료들을 각별하게 대하였다. 그러나 통치 말년에 독선적인 차지철을 경호실장으로 임명함으로써 용병술(用兵術)에 허점이 드러났고 차지철의 독주는 균형을 깨트려 비운의 10·26 사건을 불러 일으켰다.

차지철은 그 유명한 김형욱 중앙정보부장의 모가지를 떼어버린 박종규의 후임으로 경호실장이 되었다. 차지철은 경기도 이천 출신으로 육군대위 시절에 5·16 혁명에 가담하여 승승장구하였고 산천 초목도 떤다는 경호실장에 일약 임명되었다. 차지철은 경호실장이 된 후 권력 다툼의 대상이 되었던 김정렴 비서실장을 김재규와 합작으로 물러나게 하였다.

1974년 8·15 육영수 여사 피격사건 이후 박종규 경호실장이 물러나고 차지철이 경호실장으로 임명된 것이 10·26 박 대통령 시해사건의 원인이 되기도 하였다.

그는 권력의 2인자가 되기 위하여 속도를 늦추지 않았고 김재규의 퇴진을 위해서도 집요한 공략을 하였다. 차지철은 당시 산천초목도 떨었다는 중앙정보부장 김재규의 비행, 즉 동생의 사업 특혜 청탁과 축첩 행위 등을 비난 성토했고, 김재규는 대통령의 편애를 받는 차지철을 미워하고 못마땅해 했다.

또한 차지철은 김정렴도 몰아냈고 김재규까지 자기 말을 고분고분 듣게 되자 자신에겐 적이란 없다고 생각했다. 그러나 김재규는 대위 출신인 차지철이 3성장군 출신인 자신에게 너무나 지나친 간섭과 요구를 한다고 생각하여 괘씸하고 불쾌한 마음을 떨쳐버릴 수 없었다. 그는 기회가 오면 언젠가는 차지철을 죽여 없애버려야겠다고 생각을 했다.

박 대통령은 이들의 권력 투쟁을 아는지 모르는지 관심이 없어 보였다. 예전과 같이 기억력도 좋지 않고 총기도 많이 흐려졌다. 이렇게 되니 부하들의 권력 투쟁, 세력 균형을 방치하게 되고 권력 투쟁을 막을 수가 없게 되었다.

신입 김계원 비서실장은 온화한 성격의 4성장군 출신이었다. 비서실장이 할 수 있는 일이란 대통령의 심기를 편하게 해주는 것이었다. 때에 따라선 대통령의 말벗이 될 수도 있었다. 그러나 차지철에게는 김계원 따위는 안중에도 없었다. 또한 김재규 정도는 하수인정도로 생각하였다. 이쯤 되니 매일같이 차 실장은 김재규를 귀찮게 하고 대통령에게 보고할 정보부 중요 업무를 먼저 알려달라며 떼를 쓰기도 하는 월권행위를 서슴치 않았다.

박정희는 이 무렵 과거에 전격적으로 해치우던 인사문제, 국방문제, 경제문제, 기타 국정 전반에 대한 매서운 단행이 사라졌다. 천하의 김형욱을 자르고 수양아들이라는 윤필용을 구속시킬 때 온 국민은 깜짝 놀랐다. 모두가 자기를 해칠 사람들이라고 생각하고 있었기 때문에 더 커지기 전에 갈아치우려는 것이었다. 또한 박정희의 인사 정책은 전격적인 경질이었다. 누구도 모르게 신속하게 발표함으로써 오해의 소지를 원천 봉쇄하였다.

그러나 1979년 초부터 웬일인지 물망에 오른 각료 대상자를 언론에 흘린 뒤 임명하였다. 정가에 김재규의 경질은 1979년 말에 단행될 것이라는 소문이 파다하였다. 부마사태의 책임을 묻는 인사이며 후임에는 서종철 안보 담당 보좌관이 물망에 오를 것이라는 이야기까지 나돌았다. 이 소문은 결국 김재규가 권력 제2인자의 자리에서 곧 쫓겨난다는 말이었다. 김재규는 이때무터 불안감에 사로잡힐 수 밖에 없었다.

1979년 10월 26일 저녁 7시, 궁정동 만찬장에서 김재규는 차지철과 시국에 관한 이야기 중에 언쟁을 시작하였다. 취기가 오르고 있었다. 차지철은 자기의 주장을 누그러뜨릴 줄은 몰랐다. 연신 김재규가 잘못했다는 말투였다. 김재규는 화가 났다. 그렇잖아도 평소에 차지철의 버릇없는 짓에 불만이 많았는데 이날 따라 더했다. 더구나 대통령은 차지철을 감싸는 듯한 응수 발언을 하는 것이었다.

김재규는 울분과 분노가 머리끝까지 치올랐다. '에이, 이놈을 죽여 버려야지!' 마음속으로 결정하고는 그의 침실로 가서 권총을 가지고 나와 차지철을 먼저 쏘고 대통령을 쏘았다. 순간적으로 일어난 살인 사건이었다. 차지철의 독선적인 성격은 그를 죽음에 이르게 하였고, 김재규의 무모한 살인행위는 온 국민의 지탄을 받아 마땅하였다. 그의 살인행위는 귀중한 인명 수명을 단축시키는 결과를 낳았다. 10·26 사건은 불행하기 그지없는 일이며 또다시 이런 불행한 사건은 있어서는 안 될 것이다.

1979년 12월 12일 육군 보통군법회의 법정에서 김재규의 10·26 박정희 대통령 시해사건은 사실 심리 결과 단순살인사건이라고 최종확정했으나 그 후 합수부의 사주와 조정으로 계획된 거사였다고 주장하였다.

10·26 박 대통령 시해사건 이 후 합수부에 의하여 총격 상황을 재연하고 있는 김재규 그는 이때까지도 순간적인 단순살인이라고 말했다.

박정희 대통령의 애국 사상은 유달리 남달랐다. 조국에 대한 사랑, 국민에 대한 사랑, 국토에 대한 사랑, 가난을 물리치고 경제대국을 건설하기 위한 집념, 선진국을 향한 노력들은 국가원수 그 이상의 생각이고 구상이었다. 역사상 세종대왕 다음으로 가장 훌륭한 인물로 추앙받는 박정희 대통령을 조국과 민족, 국민들은 영원히 잊지않고 추모할 것이다.

제 8 장
박근혜 대통령의 탄핵재판은 불법 재판이었다.
법을 무시한 비도덕 비윤리적 망국적 작태로서 통탄할 일이다.
(탄핵재판 바로 잡아야)

　박근혜 전 대통령은 1952년 2월 2일 경북 대구시에서 출생하였다. 당시 육군 정보 학교장이었던 아버지는 대통령을 역임한 박정희씨와 어머니 육영수씨 사이에 1남 2녀중 장녀로 태어 났다. 여동생 박근령과 남동생 박지만 두명의 동생이 있다. 대한민국 제18대 대통령에 출마 한국 미혼 여성 대통령에 당선되어 2013년 2월 25일부터 2017년 3월 10일 탄핵 소추로 현직 대통령에서 물러났다. 서울 장충 초등학교와 성심여자 중•고등학교를 졸업 하였고 서강대 전자과를 졸업한 공학도였다. 대학 졸업 후 프랑스로 유학을 떠났으나 6개월 만에 어머니 육영수 여사가 광복절 경축식에서 괴한 문세광의 총을 맞고 서거하면서 귀국하게 된다. 이때부터 퍼스트 레이디 직무대행을 하면서 외국 사절 영접과 소외 계층 봉사 활동 등 대외 업무를 수행했다.

　5년 뒤인 1979년 10월 26일 아버지 박정희 대통령도 친구이며 중앙

정보부장인 김재규의 총탄에 서거하는 연이은 불행한 비극을 겪게 된다. 그 후 27일 새벽에 김계원 비서실장으로부터 아버지 비보를 듣자마자 박근혜는 '전방은 괜찮습니까?'라고 물었다는 애국심 넘쳐나는 이야기가 두고두고 전해져 오고 있다.

이후 박근혜는 육영재단(어린이회관) 이사장을 맡는다 이어 1988년 육영수 기념사업회와 봉사단을 발족시키고 아버지 명예회복에 몰두했다.

그러나 육영재단은 운영권을 둘러싸고 두 동생들과 법적 분쟁도 하였다.

정치입문은 1997년 대선 당시 신한국당 이회창 후보를 지원하면서 정치에 입문하였으나 이회창과의 충돌로 1998년 대구 달성 보궐선거에 출마 당선 후 내리 5선을 했다. 2002년에는 한국미래연합을 창당했다. 이때 필자는 미래연합의 추천으로 평당원으로 입당했다.

박근혜는 2016년 10월 '박근혜 최순실 게이트'가 터져 2017년 7월 10일 헌재가 대통령 탄핵 심판청구에 재판관 8인 전원일치 '인용 결정'으로 파면되어 대통령직을 잃고 말았다. 이에 앞서 국회는 박근혜 탄핵투표에서 재석 234표에서 반대 56표 기권 2표 무효7표로 2017년 3월 10일 오전 11시 헌재는 국회가 청구한 탄핵 소추안을 가결시켰다.

박근혜의 탄핵 결정 이유는 5가지인데 ⑴ 비선에 의한 국민주권주의, 대의 민주주의 위반 ⑵ 대통령 권한 남용 ⑶ 언론자유침해 ⑷ 세월호 7시간 의혹 ⑸ 뇌물수수 등 각종 법률위반 등으로 미확인된 사항을 포함한 모순이 있는 잘못된 판결, 즉 탄핵 재판은 <u>변론주의로 재판을 하여야 하는데 직권주의로 이루어져 잘못된 재판이라는 여론</u>도 만만치 않다는 법조계의 지적과 국민 여론도 있어 앞으로 논란거리가 될 것이 염려된다.

박근혜, 최 게이트로 그를 지지하던 국민에게 크고 큰 실망을 안겨 주었고 아버지 명예까지 손상 실추시킨 불효녀가 되었다. 결국, 자기 실력이 아닌 아버지 후광으로 대통령이 되었다는 평이었다.

　미확인 사항이나 정유라가 박근혜 딸이라는 얘기가 돌았고 그래서 최순실에게 코가 꿰여서 끌려다녔다는 말도 있었는데 필자 의견은 까놓고 진실을 사실대로 얘기하고 최순실 압력 무시하고 정상적인 국정을 수행했으면 탄핵 같은 극단적인 사태까지는 막을 수 있지 않았을까? 하는 아쉬움도 있다. 필자를 눈물 나게 만든 슬픈 역사이고 가슴 아픈 일이었다. 여자는 임신하기 위해 태어나는 것이 아닌가 하는 안타까운 마음도 들었다.

제 9 장
나는 왜 전두환·노태우를 고발했나?
살인, 반란, 내란죄로 국민 최초 단독 고발

정의로운 나라를 만들기 위하여

나는 앞에서도 말했듯이 12·12 군사반란으로 인하여 고급영관 장교 중에서 가장 많은 고통과 피해를 당하였다. 그것이 전두환·노태우를 고발하게 된 직접동기였다면, 간접동기는 굴절된 역사를 바로세워 정의로운 나라를 만들어야겠다는 생각에서였다.

나의 고통과 피해라는 것은 솔직히 말해서 먹고 살기 힘든 것을 말한다. 사람이 먹고 살기 힘들 때, 나를 이렇게 만든 사람을 저주하고 대항하게 되는 것은 당연하다고 본다. 그런 의미에서 내가 전두환·노태우를 고발했다고 한다면 틀림없을 것이다. 물론 정의로운 국가와 정의로운 사회를 이룩하기 위하여 우선 고발을 한 것은 사실이지만 그것은 후차적일 수도 있다.

그러니까 고발 이유를 굳이 더 밝힌다면 솔직히 위의 두 가지가 복합되었다고 할 수 있다.

나는 12·12 군사반란 이후 총격 중상을 당하고 사망한 육본작전참모부장 하소곤 장군의 보좌관이었다는 이유 하나만으로 겁많은 실력자들이 나의 희망 하나 안들어 주는 데 감정이 악화되었고, 5·6공 시절 전두환·노태우 두 최고 실력자에게 나의 애로사항을 탄원해 보았으나 이렇다할 소식이 없었던 것이 더욱 감정을 악화시켰다.

그것은 아마 비서진에서 별볼일 없는 놈이라고 파기시켰든가 두 실력자 양반께서 보고받고도 모른체 했든가 둘 중 하나일 것이다.

나에게는 생사가 달린 탄원이었으나 소용없는 짓이었다. 당시 12·12 피해자 중에 일부 장군 출신들은 밥을 먹게 해 주었는데 영관장교 출신은 강 건너 불구경하듯 취급했다.

인간의 존엄성과 평등권은 말단 막노동자나 대통령이나 같은 것이며, 이등병이나 대장이 같은 것이고 초급장교나 장군이 다를 바 없다.

또한 개인에 따라서는 장관이나 차관, 장군보다도 더 훌륭하고 낫다고 자부하는 사람도 많다고 본다.

적어도 12·12 군사반란의 직·간접 피해 장병에 대해서는 어떤 명목으로라도 명예회복과 보상이나 대책을 세워 줘야 했다.

시대가 많이 바뀌어 김오랑 소령의 조카도 나에게 피해보상 신청에 대한 문의를 해 오고 있지만 이런 문제들을 5·6공 정권시에 해결해 주었어야 했다. 이런 이유가 나의 첫째 고발 이유라고 할 수 있다.

둘째는 12·12 군사반란 피해에서 온 정신적 안정을 찾기 위한 심리적 수단의 하나였다. 나는 12·12 반란사건 이후 9개월의 무보직 고통에서 온갖 신병을 얻어 죽기까지 결심했었다. 그로 인한 육체적, 정신적 피해는 필설로 형언하기 어려운 고통이었으며, 따라서 정신적 피해보상 심리가 작용한 고발이었다.

셋째는 김영삼 대통령의 문민정부가 출범하면서 국가 전체를 한탕주의 한국병으로 만든 부정부패의 원흉 전두환·노태우를 처벌해야 준법과 개혁이 가능하다고 본 나는 3당 통합에 의하여 탄생된 문민대통령의 개혁은 한계가 있다고 판단해서 대통령을 돕겠다는 생각과 대통령을 돕는 일이라는 확신을 가지고 고발을 하였다. 이 세번째 고발이유가 가장 중요한 이유라고 할 수 있다.

특히 나는 이와 함께 굴절된 민족정기와 역사를 바로 잡고 세워야겠다는 역사적, 국가적, 국민적 소명에서 고발을 한 것이다.

1993년 5월 19일 오후 2시 대검찰청 기자실에서는 나의 고발 소식을 듣고 보도진 100여명이 치열한 보도경쟁을 벌였다. 원래는 5월 12일날 고발장을 접수하려고 준비를 마쳤는데 5월 11일에 나의 할머니께서 운명하셨다. 나의 할머니는 나의 아버지를 비롯하여 세 아들과 두 딸을 두셨다. 그러나 12·12 군사반란 이후 셋째 숙부, 둘째 숙부, 아버지의 역순으로 모두 작고하셨다. 세 아들을 모두 앞세운 할머니의 불행한 운명이나 나의 불행은 일맥상통하는 것이었다. 승승장구하던 내가 12·12 군사반란 이후 하루아침에 몰락했고, 우리 가정에는 불행의 연속이었다. 이것은 우연의 일치가 아닌 우리 가정의 몰락을 예고하는 불행의 징조였다. 이런 것을 친지나 주위 사람들이 알리가 없었다,

나는 상주로서 할머니 장례를 마치고 삼오제까지 지낸 다음 서울로 돌아왔다. 천근만근 되는 몸을 이끌고 대검찰청으로 향했다.

나는 고발 20여 일 전에 하 장군 댁을 방문했었다. 하 장군에게 "전두환·노태우 두 사람을 고발하겠다."는 얘기를 하였다. 그러나 하 장군은 찬성하지 않았다.

나는 이제 그들을 고발해서 굴절된 역사를 바로잡아야 한다고 주장했으나 아직은 시기가 부적절하다고 하였다. 나는 하 장군의 말을 귀담아 듣고 여러 가지 생각하고 연구하고 분석했다. 그러나 공소시효가 1년 반밖에 남지 않아 더 기다릴 수 없다고 판단했다. 더욱 내가 잘 아는 전두환 쪽 계열의 이모 대령과 김모 대령은 나의 고발 계획을 적극 찬성했다. 그들은 전두환 때문에 반란에 가담했던 사람들도 후회하는 사람이 많다는 것과, 육사의 명예가 땅에 떨어져 육사를 나왔다는 소리도 못하고 산다는 것, 군복을 입고 다니는 것이 창피해서 제대를 한 고충을 이야기하였다. 나는 그들과의 합동 고발을 제의했으나 그들은 사양하였다. 나는 드디어 많은 것을 생각한 끝에 온갖 위험을 각오하고 단독 고발을 하기로 마음먹고 고발장을 가지고 대검찰청을 찾아가 접수시켰다.

그날 저녁 5시 30분 첫 TV뉴스에 나의 고발이 일제히 보도되었다. "12·12 사건 당시 현역 중령인 김광해 씨(교통관광저널 사장)가 고급장교 출신으로는 최초로 전두환·노태우 두 전직 대통령을 살인죄, 내란죄,

반란죄로 고발했다."는 보도가 신문과 방송을 타고 나갔다.

필자는 교통문제를 개선하기 위하여 교통전문지『월간교통저널•월간 개인 택시월간택시』를 창간하여 5년간 운영하였다.

여기저기 전화가 빗발쳤다. 장교 동기생, 학교 동창들이 연거푸 전화를 주었다. 1주일 이상 친구들의 전화가 빗발쳤고 미국, 일본 등 해외동포와 수많은 국민들의 전화, 축전, 편지가 쇄도했다.

모두들 조심하라고 주위를 환기시키면서 용기있고 훌륭한 일을 했다고 칭찬을 아끼지 않았다.

나는 그 협박자에게 "이미 때는 늦었다. 나에게도 명예가 있고 자식을 키우는 아버지로서 전두환이 같은 불명예스러운 아버지가 될 수는 없다. 그리고 너희들에게 죽는다면 더욱 영광이고 테러를 당한다면 더욱 좋겠다. 그러나 반드시 알아둘 것은 내가 너희들에게 죽는다든가 테러를 당하면 전두환도 죽는다는 것을 확실하게 알아야 된다."고 말했다.

나는 이들의 협박전화를 경찰에 신고할까도 생각하였으나 일을 복잡하게 만들 수도 있다고 판단해서 합동고소인 모임의 회원들과 의논해서 신문사에 알린 뒤 결과에 따라 수사의뢰를 하기로 하였다. 그 후 회원들과 의논한 결과 1993년 6월 30일에 검찰청 기자실을 찾아가 이 같은 협박 사실을 알렸다. 그리고 협박으로 인한 심한 신경쇠약 증세로 잠을 못 이루는 고통도 호소했다.

다음날 각 신문들과 방송들은 나의 협박 사실을 일제히 보도했다. 그 후로는 협박 전화가 딱 끊겼다.

결국 나의 고발 소식은 모든 국민에게 큰 감명과 신선한 충격을 주었다. 나는 고발 이후 예비역 장성들로 자연스럽게 만들어진 12·12 쿠데타 진상규명 모임(대표 정승화)의 사무총장(간사)라는 중책을 맡았다. 처음에는 6~7명으로 시작하여 11명으로 늘었고, 현재는 나를 포함하여 23명이 되었다.

나의 고발 이후 만 두 달 후인 7월 19일에는 정 총장을 비롯한 22명의 예비역장성들에 의해 합동고소가 이루어졌다. 결국 나의 고발은 이 합동고소의 도화선까지의 역할을 톡톡히 해낸 셈이었다.

나는 12·12 군사반란이 우리 국민에게 준 폐해가 너무나 크다고
보았다. 그것은 우선 피폐하고 결핍된 정신문화를 안겨 주었다. 윗사
람을 모르고 낳아 준 부모를 모르고 도덕과 윤리를 모르는 무질서의
사회와 유산을 남겨 주었다.

그리고 지나친 개인의 욕심과 욕망이 투쟁의 경쟁사회를 만들어,
메마른 인정과 정서 속에서 나만 잘 살겠다고 하는 독선주의가 팽배
한 사회가 되어 버렸다,

또한 이기주의적이고 배타적이며 이웃을 불신하고 국가를 불신하
며 교육을 불신하는 등 각분야에서 엄청난 불신사회를 만들어 각종
부정부패 비리를 만연시킨 한탕주의 망국병의 나라를 만들어 놓았
다. 이렇게 나라를 망쳐 놓은 전두환 군사반란 수괴와 그 일당으로부

터 발생되고 파생된 것으로 이러한 무질서 불법사회를 만들어 놓은 국사범, 역사범 전두환 분란수괴와 그 일당을 단죄하지 않는다면 정의사회는 불가능한 것으로 보았다.

하루빨리 이들을 단죄하는 것만이 굴절된 민족정기와 역사를 바로 세울 수 있으며 후손에게 영광된 조국을 물려 줄 수 있다고 보았다.

나는 이러한 역사적, 국가적, 국민적 사명과 소명의식에서 죽음을 각오하고 전두환•노태우 두 전직 대통령을 고발했다.

나의 고발은 우리의 조국과 나의 가정에 큰 영광과 명예로 생각하고 있다.

검찰조사와 나의 수사협조

1993년 2월 25일 김영삼 문민정부가 출범한 이후 전두환•노태우 등 반란자 일당의 처벌을 요구하는 고소•고발 사건은 총 10건으로 32명이 고소•고발을 하였다. 이 중 나는 12•12 군사반란 당시 현역고급 영관장교로서는 가장 심각한 정신적 피해를 당하고 살기 위하여 몸부림 쳤다. 나는 1993년 5월 19일 오후 2시에 전두환•노태우를 살인죄, 반란죄, 내란죄, 명령불복종죄 등으로 12•12 당시 고급장교로는 최초로 검찰에 고발을 했다.

The Dong-A Ilbo [1920年4月1日創刊] 1994年10月30日 日曜日

"「12·12」는 軍事반란"

檢察발표 全·盧씨등 34명 기소유예

대통령 재가 안받고 軍장악

鄭鎬溶씨등 4명 '공소권없음' 결정

  그 후 전국 각지에서 나라의 장래를 걱정하는 애국 국민들이 줄을 이어 역사를 바로 세우고 민족정기를 되찾아야 한다고 고소·고발과 진정서를 검찰에 제출하였다.

  특히 나의 고발과 1993년 7월 19일에 정승화 육군참모총장과 22명의 예비역장성들이 합동으로 고소한 사건은 국민들의 비상한 관심속에서 검찰의 조사가 진행되었다. 사상 유례없는 사건의 중요성을 인식한 검찰은 정확하고 철저한 조사를 위하여 국회의 5공특위 청문회 자료와 당시 육본의 작전상황일지 등을 확보하고 조사를 진행하였다.

  검찰은 우선 고소인 조사를 실시하였다. 정승화 전 육군참모총장 겸 계엄사령관을 시작으로 문홍구, 이건영, 장태완, 하소곤, 김진기 장군 등의 순서로 조사를 진행하였다.

나는 1993년 8월 16일 오전 10시에 정승화 총장을 수행하여 정총장과 같이 10시간을 넘게 서울 검찰청에서 조사를 받았다.

정승화 전총장은 검찰조사에서, 전두환 당시 보안사령관이 정권찬탈을 목적으로 하나회와 수도권 주둔 공수부대를 동원하여 육군참모총장을 강제로 납치, 연행 구속하고 군통수권자인 최규하 대통령을 협박하여 국권을 찬탈한 불법 행위를 하였으므로 준엄한 법적 책임을 물어야 한다고 진술했다.

검찰은 1994년 12월 31일까지 고소인 조사를 모두 마쳤다. 그리고 고소인 조사와 병행하여 12·12 군사반란에 직접, 간접으로 참여하였고, 피해를 입었던 장병에 대한 참고인 조사도 실시되었다.

그러나 1994년에 들어와서 1~2월이 다 가도 검찰은 피고소인 조사를 실시하지 않았다.

내가 보기에는 중요한 국가적 사건이고, 건국 이후 최초의 반란사건 조사인 데다, 정치적으로 관련되어 있는 사건이어서, 상부의 명확한 조사지시가 없으므로 눈치를 보기 때문에 조사 진전이 없는 것 같았다.

나는 수시로 검찰에 찾아가 지지부진한 검찰조사 진행에 항의를 하였다. 그것은 고발인 한 사람으로서의 항의이기도 하였지만 '12·12 쿠데타 진상규명과 그 책임자 처벌 고소인의 모임'의 간사라는 직책상의 항의이기도 하였다.

그러다가 3월 25일 검찰은 12·12 반란 당시 정 총장을 납치했던 보안사 인사처장 허삼수를 시작으로 피고소인 조사를 시작하였다.

내가 볼 때 당시 검찰의 조사가 시작된 것은, 상부로부터 아무런 하명이 없자 '정확한 조사를 하라.'는 뜻으로 받아들이고 본격적인 조사를 하는 것 같았다.

허삼수는 이날 조사를 받고 나서 군계급으로는 하늘 같은 대상관 육군참모총장을 불법으로 납치하는 패륜행위를 저지르고서도 "앞으로도 그런 일이 있다면 지금과 똑같은 방법으로 할 것이다."라는 기염을 토하는 군사 패륜아의 살인마적 발언을 서슴치 않았다.

또한 그들은 검찰의 출두요구를 한 번 내지 다섯 번까지 연장하거나, 소식 없이 나오지 않아 구인(拘引) 경고명령을 받는 등 검찰의 조사 진행에 애를 먹이기 일쑤였다, 그것은 크게 두 가지로 분석되었는데 첫째는 "과거 절대권력을 가지고 무법천지, 마음대로 이땅의 국민들을 주물렀는데 누가 감히, 검찰이 우리들에게 겁대가리 없이 노느냐! 까불면 혼내 준다."하는 권력 망상중에 사로잡혀 있어서였고, 둘째는 이 핑계 저 핑계를 대어 조사를 지연시킴으로써 고소인의 항고 기간을 원천적으로 봉쇄하여 1995년 12월 12일의 공소시효 만기를 자동적으로 얻어내 면소시키려는 의도가 깔려 있었기 때문이었다.

특히 그들은 검찰 조사가 중반을 넘어 가면서 피고소인들에게 불리하게 진행되고 있다는 것을 판단한 94년부터는 정부와 고소인들에게 '폭탄 선언'이니 하면서 협박과 회유를 일삼았으며 검찰 조사에 압력을 가하고 방해를 하였다.

또한 12·12 반란 당시 수경사 30경비단장이던 장세동 대령은 자기 직속상관이었던 장태완 장군을 찾아가 "저를 꼭 법정에 세우겠습니까?"하면서 고소취하를 요구하고 또 화해를 요구하였다, 그리고 만약 그렇게 안될 경우 무고죄로 역고소를 하겠다면서 회유와 협박을 번갈아 하였고 그 외에도 이재전 장군, 전성각 장군 등을 찾아가 똑같은 소리를 하였다. 또한 수도군단장이었던 차규헌도 정승화 총장을 찾아가 이와 같은 요구를 거듭하면서 무고죄로 맞고소를 하겠다고 강력히 주장하고 돌아갔다.

그 후 전두환 쪽 군사반란자들은 파렴치하게도 정 총장 등을 맞고소하여 또 한 번 세인을 놀라게 하였다.

그들은 맞고소 건수를 많게 하기 위하여 1명 또는 8명의 이름으로 나누어 6건의 맞고소장을 1994년 7월 28일부터 8월 20일까지 서울지방검찰청에 제출하였다.

당시 육본 정식 지휘계통의 명령에 불복하면서 불법으로 병력을 출동시켰던 1공수여단장 박희도를 비롯하여 최세창, 장기오 등 8명은 장태완 수도경비사령관과 김진기 육본 헌병감을 내란, 반란 혐의로 역으로 맞고소를 하였고, 차규헌, 박희모, 박준병은 정 총장 등 고소인 22명 전원에게 무고혐의로 맞고소를 한 것이었다.

이는 장세동, 차규헌 등이 정 총장, 장태완 장군 등을 찾아다니며 고소를 취하하기 위한 회유와 협박을 병행하다가 불가능하게 되자 맞고소를 한 것이었다.

그들의 맞고소 배경은 첫째, 검찰조사를 복잡하게 하여 조사를 지연시키려는 의도였다. 그것은 맞고소 조사를 함으로써, 검찰 조사가 많아져 공소시효 기간인 12월 12일까지 끌고 가면 자연 면소처리 된다는 계산이 있어서였다. 그리고 둘째는 정국이 신공안 보수정국으로 되돌아가는 분위기에 편승하여 정부 당국과 검찰 고소인측에 압력을 가하려는 것이었다. 셋째는 사건 진상조사가 자기들에게 불리하게 진행된다는 것을 알고는 온건 소극자세에서 정당성 강변의 적극적 방어자세로 전환하여 사건 자체를 희석시켜 합의 또는 고소취하를 얻어보려는 어리석은 판단에서 맞고소를 했던 것이다.

그러나 검찰은 이 맞고소에 대하여 별 큰 의미를 부여하지 않았다.

12·12 군사반란으로 군권을 탈취하고 최규하 대통령까지 하야시킨 후 8개월 만에 대통령이 된 전두환은 1군사령부를 초도순시했다. (옛 상관들은 서 있고 전두환은 의자에 앉아있다. 바로 우측 옆 주영복 국방부장관, 좌측 윤성민 1군사령관)

흔히 정치성이 짙은 형사사건에서 써먹는 '맞불작전, 맞고소'에 지나지 않은 것으로 평가 절하하여 판단하였다. 또한 맞고소의 내용에 새로운 사실이 없고 신행 중인 조사 내용에 이미 포함되어 있어서 별도로 조사하지 않고 그간 확인된 내용들로 최종 수사결과 발표시 같이 종결 처리하였던 것이다.

이렇게 전두환 반란수괴와 그 일당이 있지도 않고 사실도 아닌 사실들을 조작하고 뒤집어씌워 오히려 육본 정식 지휘부를 반란자, 반란군으로 만들려고 한 것은 적반하장도 이만저만이 아닌 것이었다.

전두환·노태우도 검찰의 서면조사 답변을 수 차례 연기시키면서 검찰의 조사 발표를 지연시켰다.

정 총장과 합동고소인들은 조사 지연에 대하여 정확하고 신속한 조사 진행을 촉구하였다, 때로는 정승화 총장이 직접 주문을 하기도 하였고 간사인 내가 주로 정 총장을 대리하여 최상관 담당검사나 장윤석 주임부장 검사를 찾아가 신속한 조사를 요구하였다.

검찰은 전두환·노태우의 서면 답변을 무작정 기다릴 수는 없었다. 그리고 1년 반 동안 조사를 진행하면서 휴일과 공유일도 없이 강행

조사를 한 검찰은 추석연휴가 시작되는 1994년 9월 17일까지 조사결과 보고서 작성과 결재까지 끝내고 추석성묘휴가를 가야겠다는 계획을 세웠다. 그러자면 17일 이전에는 수사발표 내용을 상부에 보고하고 결재를 받아야 했기 때문에 9월 10일까지는 모든 보고서가 작성되고 12일부터 16일 사이에 결재를 끝내야 했다.

그런데 전두환의 서면 답변서는 9월 15일 오후에 제출되었다. 다섯 가지 종류의 책자 400여 페이지로 인쇄되어 작성된 방대한 양의 답변서는 검찰의 핵심 수사목표도 아닌 정 총장의 10·26 관련 내용들로 사실을 왜곡, 허위 작성한 것들이었다.

그러나 검찰이 기다리고 기다리던 전두환의 서면 답변은 너무 지연되어 참고자료도 안되었다. 검찰이 고소인에 대한 최소한의 항고기간을 확보해 주기 위해서는 추석 전인 9월 17일까지 수사발표를 작성해야 했기 때문에 일정으로 보았을 때 참고하기가 불가능하였다.

검찰의 수사 또한 가장 정확하고 철저한 조사였다고 생각한다. 방대한 참고자료의 확보는 물론 사건 자체가 중대한 국가적 사건이고 국헌을 문란시킨 국사범에 대한 조사이기 때문에, 검찰은 검찰의 명예를 걸고 수사검사는 수사검사의 명예를 걸고 철저한 조사를 하였다. 또한 수사 중에도 피고소인들이 검찰에 대한 각종 회유와 압력을 가하였으나 이를 모두 극복하였다. 특히 검찰은 역사적 사명감과 국민적 소명의식에서 철저한 진상을 규명하는데 최선을 다했고 일부 소장검사들은 끝까지 피고소인들의 기소를 강력히 주장했었다.

나는 1년 반 동안 진행된 검찰의 조사에서 목숨을 걸고 검찰 조사를 도왔다. 12·12 쿠데타 당시 반란이나 내란으로 판결받을 수 있는 참고인 선정이나 자료 수집에 최선을 다했다. 조사 1년 반 동안 1천여만 원의 자비를 들여가면서 서울과 지방, 경찰청과 전화국, 방송국과 동사무소, 국방부와 육군본부를 찾아 다니면서 참고인 조사자의 소재를 파악하였고 참고문헌이나 자료를 수집하여 검찰에 제출하였다.

검찰은 참고인 조사대상자 90명을 선정했다. 그 중 나는 70명의 주소와 소재를 파악하였고 100여 건의 조사 참고자료를 수집하여 검찰조사에 협력했다. 이러한 자료들도 검찰의 군사반란 규정 결정에 큰 공헌을 하였다.

이렇듯 1년 반 동안 진행된 조사 발표에서 1994년 10월 29일 검찰은 피고소인들의 군사반란에 대하여 유죄를 인정하면서도 기소를 하지 않았고 내란 부분은 혐의가 없다고 했다. 참으로 납득할 수 없는 수사결과 발표였다.

군권 탈취를 위해서 반란을 일으킨 것을 군사반란이라고 규정했다면 대통령을 몰아내는 정권 찬탈을 했으니 명백한 내란인데 내란 혐의가 없다고 기소하지 않는 것은 검찰권의 남용이고 법률 적용을 위반한 것이며 법치국가의 온당한 법률 집행 행위가 아닌 것이다.

그 후 1994년 11월 2일과 12일에 정 총장을 비롯한 고소인 22명은 검찰 수사결과 발표문 중 내란 부분과 불기소에 대한 처리는 부당한 것으로 결정, 서울고등검찰청과 대검찰청에 항고, 재항고를 하였으나 무혐의 판결로 재조사 신청은 기각되었다. 그러나 94년 11월 24일 헌법재판소에 헌법소원한 전두환•노태우의 공소시효 연장 신청은 1995년 1월 20일에 각각 7년, 5년씩 시효 기간이 늘어, 2002년 4월 4일까지 연장되는 선고를 얻어내는 성과를 얻었다. 이것은 언제라도 전•노 두 전직 대통령을 기소할 수 있는 코를 꿰어 놓은 것이다.

이 세상 비리, 전두환이 뿌린 씨앗

최근 군대내에서 빈번히 발생하고 있는 군기 사고인 하극상 사고는 참으로 우리 국민들을 우울하게 만들고 있다,

국가와 국민의 최후 보루인 군대가 이러한 불행한 사고로 얼룩진다면 국민은 누구를 믿고 살아야 할지 불안과 걱정이 태산같지 않을 수 없다.

'과연 이런 군대가 전쟁이 난다면 나라를 지킬 수 있을까? 국민의 생명과 재산을 보호해 줄 수 있을까?'

또 '불행한 하극상 사고가 일어나지 않을까? 쿠데타는 발생하지 않을까?'하는 등등의 걱정을 떨쳐 버릴 수가 없는 것이다. 그런 의미에서 볼 때 군대내의 하극상 사고는 참으로 중대한 사건인 것이며 전두환 일당을 군사반란자로 규정하고도 처벌하지 않는다는 것은 제2의 하극상 제3, 4의 쿠데타 발생을 불러 올 가능성이 있는 것이다.

육군소장이 비상시국하에서 육군대장을 구속시키고 육군대위가 육군소장에게 총질을 하는 반란 행위를 하여도 처벌되지 않는다면,

앞으로 또 발생 예상되는 하극상 불법행위를 어떻게 다스릴 것인가?

또한 전두환 반란수괴 일당의 반란죄는 인정하나 국가 공헌과 국론 분열을 위해서 불기소 처분하였다는 것은 법 이론에도 맞지 않을 뿐 아니라 국민 감정과 정서를 너무 모르는 무지의 소치라고 할 수 있다. 국론 분열은 검찰이 우려할 바가 아니다. 오히려 전두환 일당을 처벌하지 않음으로써 그들에게 한을 가진 사람들이나 올바른 역사를 세우려는 많은 국민들에게 저항을 받을 때, 또는 장기간 저항, 항거가 진행될 때 그것이 국론 분열을 가져올 수 있고 국력을 소모시킬 수 있는 것이다.

특히 국가 공헌이란 말은 말도 안되는 것이다. 그들은 불법으로 군권, 정권을 찬탈하고 김일성보다도 더 포악무도한 철권 독재정치를 하면서 수많은 국민을 잡아다가 고문 처형하는 위협과 공포의 통치를 하였다. 또한 국민의 세금으로 육사까지 졸업하고 장군이 된 전두환 일당은 국민의 가슴에 총격을 가하여 수많은 광주 시민을 학살하였는데 어찌 무슨 국가 공헌을 하였다는 것인지 도저희 이해가 되지 않는다.

내가 주장하는 것은 전두환이 대통령이 되기 전 육군소장의 신분으로 직속상관인 육군대장의 목을 친 군사반란 범죄에 대한 단죄를 하라는 것이다.

이러한 국가적인 국사범들인 군사반란 죄인에 대한 불법행위가 처벌되지 않는다면 이보다 못한 범죄자들을 어떻게 처벌할 수 있겠는가?

불법한 행동과 범죄를 저질렀어도 잡히지 않고 들키지 않고 승리. 성공만 하면 된다는 범죄 논리를 인정해 주는 식이 되었으니 이는 국민, 시민을 불법 국민, 불법 시민으로 만들려는 위험한 논리의 발상이 아닐 수 없다. 그러므로 이는 즉각 철회되어야 하며 국민 정서를 위해서도 기소와 처벌은 필연적이어야 한다. 건군 이후 전례가 없었던 사병 일등병이 장교대위, 중대장을 조준 사살하는 해괴한 상관살해 사건이나 군대내에서 발생하고 있는 각종 하극상 군기사고는 우리젊은 세대들에 대한 교육문화가 잘못 되어 있다는 증거이다. 그것은 한탕주의, 불법 군권 탈취가 몰고 온 도덕성 상실이 그들에게 오염된 것으로 전두환 일당이 뿌린 12·12 군사반란이 바로 그 씨앗인 것이다.

이렇게 국가 전체, 사회 전체가 퇴폐화되고 치유될 수 없는 망국병에 걸려 있는 것도 바로 전두환 군사반란 수괴와 그 일당들이 멸망의 꽃, 악의 씨를 뿌린 결과이다.

또한 국가와 국민과 사회를 위하여 일하는 것이 아니고 이기주의적으로 나 하나만을 위하여 사는 국민, 공직자가 될 것이다. 민주화, 세계화, 개혁화는 공염불에 지나지 않으며 무사안일 복지부동의 피동적 근무태도를 더욱 부채질하여 제2, 3의 성수대교 사고, 대구가스폭발사고 세월호 침몰사고 사건 참상을 낳게 할 것이다.

이러한 불행한 쿠데타 예방을 위해서라도 군사반란을 일으켰던 전두환 일당에게 준엄한 단죄 조치를 내려야 한다. 그렇지 않을 경우 또 불법 쿠데타가 일어나도 그것을 진압하고 제압할 사람은 나오지 않을 것이다.

우리 나라 국가 전체에 만연되고 있는 온갖 부정부패 병리현상은 불법을 밥 먹듯이 한 전두환 일당이 뿌린 군권, 정권 찬탈 비리가 워조가 된다. 이제는 전두환이나 그 일당들도 더 이상 국가와 국민과 가족에게 반란수괴와 반란자의 원조, 아버지가 된 불명예를 씻고 진정으로 사과하여 인간 본연의 양심으로 돌아가야 할 것이다.

반란 단죄 없이 정의사회, 개혁 불가능

전두환 반란수괴와 그 일당의 죄상에 대해서는 이미 잘 알려져 있다. 또한 전두환 반란수괴의 처벌은 절대 정치보복이 아니다. 우리가 전두환의 처벌을 요구하는 것은 초법적으로 헌정을 파괴했고 국민을 탄압한 범법 사실에 대한 단죄를 주장하는 것이고 과거를 청산하자는 준엄한 국민의 명령인 것이다.

군사반란 유공자에 대한 진급과 훈장약장이 가슴을 꽉 메우고 있다. 반란 유공훈장은 모조리 몰수해야 한다.

우리에게 과거 청산의 중요성은 두말할 나위 없이 역사가 증명하고 있다. 해방직후 친일파를 청산하지 못하고 그들의 세력에 눌려 친일파를 등용함으로써 독립운동을 한 양심세력과 개혁인사들이 제거되었고, 그 친일파 세력을 한 명도 처벌하지 않음으로써 오늘날까지 '사악의 정치사, 간악의 정치사, 불행과 고난의 정치사'로 점철되어 왔다,

오히려 법을 지키고 민족 정기를 바로 세우고 역사를 바로잡겠다는 사람은 잡아 넣고 처단하고, 불법을 하여 정권을 거머쥔 사람은 처벌하지 않는다면 국가가 무슨 필요가 있고 정치가 무엇 때문에 있으며

국민이 국가 통치를 따를 이유가 어디에 있겠는가!.

지금이라도 늦지 않았다고 본다. 그리고 각분야의 모든 지도자는 내가 죽는 구덩이를 파는 불행한 지도자가 되지 말아야 한다. 과거 청산을 했을 때만이 민주화가 가능하고 개혁이 가능하다 지금이 바로 불행한 역사, 불행한 과거를 재조명할 수 있는 좋은 시기이며 깨끗하게 청산할 수 있는 절호의 기회이다.

군정이 끝난 지 이미 2년이 지났다. 문민정부가 전두환 일당을 군사반란자로 규정하고도 그 세력을 보호하고 있는 것을 대다수 국민들은 심히 우려하고 있다.

집권 2기가 될 수 있는 이 시기의 문민정부는 왜곡된 헌정사를 바로잡고 비뚤어진 국민 의식과 모든 정치, 사회 제도를 개혁해야 하며, 다시는 불법적으로 정권을 장악하는 쿠데타가 일어나지 않도록 원천적으로 막아야 할 의무와 책임이 있는 것이다.

군사반란자의 처벌을 역사에 맡기자는 것은 반란자들의 범죄상을 은폐시키고 그들의 은신처를 만들어 준다는 것일 뿐, 아무런 의미가 없다. 가만히 있어도 훗날 역사가들에 의하여 역사적 평가가 내려지기 때문이다.

또한 군내의 지휘권을 위협하는 신세대들의 저항의식은 수준을 넘고 있다. 이런 군에 대한 오점은 바로 12·12 군사반란에서 잉태되어 파급된 것이다. 그렇기 때문에 군사반란자들의 엄정한 단죄는 더욱 중요성을 갖는 것이며 단죄의 교훈만이 올바른 군대사회를 만드는 교육적 지주가 되고 교훈이 될 것이다.

그러나 이런 문제들을 당장 풀어줄 사람이 없는 것이 오늘의 안타까운 현실이다. 군이 스스로 풀어야 한다. 선배가 후배에게 무엇을 가르치고 충고할 것인가를 교육해야 한다. 또한 군의 위계, 지휘체계는 어떤 경우에도 성역(聖域)과 같이 상명하복의 기풍이 지켜져야 한다. 그리고 새롭게 태어나는 산고의 고통을 각자 감내해야 한다. 이것만이 군이 제자리를 찾고 국민으로부터 다시 사랑받는 국민의 군대가 될 수 있는 길이다.

12·12 군사반란 수괴와 그 일당들을 단죄하지 않는다면 그들을 처벌하자는 고소 고발은 이 정권이 끝나도 계속될 것이다.

지금도 검찰에서 조사하고 있는 5·18 광주학살 책임자 처벌요구 고소사건 이외에도 김대중 내란음모조작 피해자들의 고소와 민주당 개혁의원 모임의 고소, 한국을 이끄는 200人 여성의 고소, 국보위설치. 국회해산, 삼청교육 등 불법 행위에 대한 전두환 일당의 처벌을 요구하는 큼직한 고소 사건 등 아직도 조사에 손을 못 대고 있는 것들이 수두룩하게 남아 있다.

전두환 일당은 이러한 고통의 수난을 미친놈같이 나 몰라라 하고 계속 받고 있을 것인가? 그렇지 않으면 국민 앞에 정중히 사과하고 용서를 받을 것인가? 그것은 인륜지사(人倫之事)로 볼 때 후자가 옳다. 후자를 택할 때 국민들이 용서를 안해 줄 리가 없는 것이다. 이렇게 되었을 때 문민정부가 통치권적 차원에서 사면하는 것은 대통령의 특권으로 누구도 재론할 수 없는 것이다. 이렇게 간단한 해결방법이 있는데도 무엇 때문에 주저하는지 모를 일이다. 정치적으로 이용하고 해결하려 하지 말고 양심적으로, 순리적으로, 상식적으로 해결해야한다.

끝으로 내가 전두환·노태우 두 전직 대통령을 고발한 것은 그들과 그의 비호, 추종 세력들에게 죽음을 당하더라도 한알의 밀알이 되어 새천지를 잉태할 수 있고 정의로운 사회만 올 수 있다면 바랄 게 없다는 숭고한 애국정신에서이다.

또한 국민은 누구나 불법을 하면 안되고 불법을 하면 처벌받아야

한다. 즉 이들의 단죄는 개인 문제가 아닌 역사적·민족적·국가적·국민적 과제이고 소명이기 때문이다

거듭 12·12 군사반란자에 대한 과거 청산만이 정의로운 국가, 정의로운 사회. 정의로운 국민, 그리고 민주화·개혁화·세계화를 가능하게 한다고 강조하고 싶다.

제 2 편
국가민족후손을 위한
정의민주시민 운동

제 1 부
(A) 愚草(우초) 화보

제 2 부
(B) 우초 중요 강연 요지

제 3 부
(C) 우초 작품 중 우수작 선집

제 1 부 (A) 愚草(우초) 화보

우초조국, 민족, 후손을 위한 민주사회 시민활동

육군참모총장(남재준대장)초청으로 2003년 11월 18일 육군회관에서 거행된 지상군 정책 심포지엄에 시민단체 바른사회만들기 운동본부 대표로 참석한 김광해 총재(앞줄좌측두번째)가 타 시민단체대표 및 현역예비역 장성과 함께 지상군 발전 방안을 경청하고 있는 장면

굴절된 민족정기 바로 세우는 시위, 연설 강행

반란자들의 각종 위협과 협박에도 불구하고 강인한 투지로 민족 정기 선양 운동과 역사 바로 세우는 시위, 연설 등을 전국 곳곳에서 100여회 실시.

94. 11. 26 대전역 광장에서 민주당 주최로 실시한 군중집회에서 10만 청중에게 12.12 군사 반란독재자들을 즉각 재판에 회부, 처벌하라는 주장을 하는 김광해 (연단위)

민변 주최 전, 노 사면공청회 발표

전, 노 등 5.18 관련자에 대한 정치적 사면이란 있을 수 없다는 단호한 입장을 밝히는 김광해 총재

전, 노 사면설 절대반대 공청회에 김홍신, 이석현 의원과 참석,
발표하는 김광해 총재(우)

MBC TV방송 김한길 초대석 등 출연

95. 4. 10 KBS방송 그때 그사건, MBC, CBS 레이다 초대석 등에 출연, 12.12 군사반란으로 굴절된 민족정기와 역사를 바로 세우기 위하여 군사반란 배경과 저서'고발'을 통한 민주화 운동을 설명하였다.

김한길 초대석에 출연 인터뷰하는 김광해

군복무 시절

1군사 정훈참모 이기수 대령과 315고지에서

동기생 윤길원(우)과 황규덕(좌)

동경사 정훈참모시 충성을 다한 방위병
이인수 이병과

가족관련

첫딸 숙희 백일 기념

군 복무중 인고의 대학졸업시 부인과 함께

제주도 여행시 부인과 함께

차남 순식이 경찰 임관식

부인 중, 고녀시절

해외대학연수 군 복무시 월남근무 학창시절

고교입학 1학년 시와 고3년시

작가 대학 졸업시   ,   한양대 행정대학원 졸업기념

필자 영국 옥스퍼드대, 프랑스 소르본느대 연수시 독일, 이태리, 스위스 등 6개국 방문견학시 강의수강 장면 등

소르본느대 수강장면　　　　　　　　　옥스퍼드대 수강장면

영국 옥스퍼드대 연수 후 대학장 마스교수(원내우)로부터 수료증을 받는 필자(원내좌)

영국, 프랑스, 이태리등 유럽 여행 견문모습

영국 옥스퍼드시의회 의원생활(세비없이 무료봉사, 택시기사도 직업 귀천없이 고관 장차관 국회의원 장군 출신이 많음), 프랑스 소르본느 제3대학연수, 독일 뮌헨시 쓰레기 소각장, 이태리 수상도시 베니스구조형태, 로마 바티간 대성당, 스위스 만년빙하, 알프스 최고봉, 장관 세계3대미항의 하나 나폴리항구 견문 연수는 필자 생애 최대행운과 영광

만년설 알프스 정상에서   이태리 폼페이 유적지에서

육군 소, 중위 초급장교시절
상하의 나라 월남에 파병 조국발전 기여

월남 나트랑시에 위치한 십자성부대 제100군수사령부 제2정비보급단 제2공병 정비 보급중대 보급과장에 보직되어 전투부대 맹호, 백마사단 지원 업무를 만유감 없이 지원 임무를 수행 하였다.

2공병 보급과장 (중앙)과 과원들

월남 여인과 풍경

김광해 월남 100군수2공정 보급과장
전용지프차

제 2 부 (B) 우초 중요 강연 요지
제 1 장
전대협, 민가협 공동주체 양심수석방 궐기대회연설

이 연설문은 지난 해 12월 10일 한양대 올림픽 체육관에서 거행된 민주화 실천 가족운동협의회(민가협) 주체 양심수 석방촉구 궐기대회에서 1만 명 청중에게 저자 김광해씨가 연설한 내용이다.

오늘 이 성스러운 자리에서 검찰의 12·12 군사반란 규정 수사경위와 이에 대한 부당성을 증언할 수 있는 기회가 주어진 데 대하여 영광으로 생각합니다.

지난해 2월 25일 김영삼 정권 출범 이후 전두환 일당의 처벌을 요구하는 고발 사건은 정승화 전 육군참모총장 등 22명의 합동고소를 비롯하여 총 10건으로, 이를 통틀어 한건의 사건으로 묶어 지난해 8월부터 조사가 착수되어 지난해 연말까지 고소인에 대한 조사를 마쳤습니다.

그 후 검찰은 금년 들어 1~2월에는 청와대의 수사지시 눈치를 보다가 아무런 하명이 없자 철저한 조사를 하라는 뜻으로 받아들이고 3월부터 조사를 시작하여 피고소인 중 허삼수를 최초로 소환 조사했고, 캐나다에 가 있던 당시 수경사 헌병단장 조홍 대령과 전두환, 노태우는 서면조사를 하였고, 사망한 71 방위사단장 백운택을 제외한 피고소 34명 중 33명에 대한 조사는 모두 마쳤던 것입니다.

이와 병행하여 12·12 당시 직간접으로 연관되었던 참고인 조사도 실시되었는데 무려 90명이 검찰에 출두하여 전두환 일당의 군사반란을 규정하는 데 결정적 증언을 하였습니다.

조사기간 중 특이한 사항으로는 전두환 등 피고소인측에서 검찰수사가 자기들에게 불리하게 진행되고 심상치 않다고 판단한 5월부터 대통령, 검찰, 고소인에게 회유와 협박을 병행하면서 검찰조사를 방해하였고 전두환, 노태우에 대한 서면답변까지도 수차례 연기를 거듭하면서 수사발표를 고의로 지연시켰다는 점입니다. 만약에 전두환이가 기대하는 무혐의를 얻어낼 경우 고소인의 항고기간을 원천적으로 봉쇄하여 12월 12일이 되면 면소(免訴)결정을 얻어내려는 얄팍한 꾀를 부렸던 것입니다.

그러나 검찰은 전두환의 서면답변서를 마냥 기다릴 수 없어 답변서 제출과 관계 없이 추석 전에 수사종결을 하겠다는 수사 일정 목표를 세워놓고, 9월 13일에는 검찰내부 최종 결재 후 최종 수사결과발표문을 작성하였습니다. 그 후 9월 15일에 허위로 일관되게 작성한 400페이지가 넘는 전두환 답변 자료가 제출되었으나 너무 지연제출되어 사실상 참고사항도 되지 못했고, 드디어 10월 29일에 역사적인 검찰의 군사반란 규정에 대한 발표가 있었습니다.

사건 자체가 중대한 국가적 사건이고 국사범에 대한 조사이기 때문에 전두환 일당의 각종 회유공작에도 굴하지 않고 정확한 조사를 한 것이 사실입니다. 또한 수사실무 소장검사들이 수사 종결 막바지까지 기소를 해야 한다고 주장을 폈던 것도 사실입니다.

검찰은 보안을 철저히 하면서 수사를 했는데, 그 한 예로 총장 공관 현장검증을 언론기관 기자들도 눈치채지 못하도록 치밀하게 실시하여 보안과 정확한 조사를 하는 데 노력하였습니다.

그러나 이러한 철저하고 정확한 수사 결과와는 정반대로 결국 검찰은 행정부의 시녀답게 검찰권의 외적요소로 인하여 기소가 불가능하였던 것입니다.

이렇게 1년 반 동안 진행된 검찰의 12·12 사건 최종수사 결과발표에서 군사반란 부분에 있어서는 만족할 만한 수사 발표를 하고 내란 부분에서는 혐의가 없다는 것과 반란죄를 인정하면서도 기소를 하지 않는 것은 검찰권의 남용이고 검찰의 큰 오류가 아닐 수 없습니다.

이것은 한마디로 말해서 우리 나라의 검찰 수사의 한계성을 드러낸 것이라고 할 수 있습니다.

군권 탈취를 위해서 군사반란을 일으켰다면, 더구나 그것으로 끝난 것도 아니고 대통령까지 몰아냈으니 그것이 내란이고 쿠데타임은 명백하거늘 내란이 아니라는 것은 검찰이 국민을 우습게 보고 우롱하는 것으로 국민의 분노만을 자아내게 한 수사 결과가 되고 말았습니다.

정권 찬탈의 목적이 없었다면 군권 탈취는 무엇하러 하겠으며 군권 탈취만 해서 그 목숨이 살아 남으리라고 보는 사람은 한 사람도 없는 것입니다.

여러분께서도 아시고 계시는 바와 같이 12·12 사건은 1979년 12월 12일 보안사령관 겸 계엄사령부 합수본부장이던 전두환 육군소장과 그를 추종하는 이른바 하나회라는 사조직의 정치군인들이 정권과 군권 탈취를 목적으로 내란과 군사반란을 일으킨 반국가적 사건이었습니다.

이들은 첫째, 직속최고상관인 정승화 계엄사령관 겸 육군참모총장을 불법으로 체포 연행하고 구속하여 고문하는 만고의 패륜적 행위를 하였고

둘째, 국가 최고통치귀자인 최규하 대통령을 총으로 위협하여 정총장의 구속수사에 대한 결재를 강요하였고

셋째, 휴전선을 지키고 있는 부대를 서울로 후퇴시켜 전쟁 발생의 국가위기 상태를 초래케 하였고

넷째, 수도권 방위임무를 책임진 주요부대 지휘관들이 군사반란내란 모의를 위하여 근무지를 이탈하였고

다섯째, 무단으로 병력을 출동시켜 중앙청, 국방부, 육군본부 등 국가 주요시설을 불법 점령•파괴하였으며

여섯째, 육군의 주요지휘관, 참모 장병에 대한 총격 살상과 체포, 연금, 구속, 강제퇴역 등 불법 행위를 자행하였고

일곱째, 급기야는 5•17, 5•18 광주사태를 일으켜 수백 명의 무고한 양민을 학살시키는 전대미문의 살인마적 범행을 저질렀던 것입니다.

이와 같은 전두환 일당의 죄상은 금번 검찰조사에서 '군사반란'이 분명한 국사범으로, 반란자로, 반란수괴로 규정•확정지었는데도 전두환 일당은 반성은 커녕 오히려 헌법소원을 낸다고 어거지를 쓰고 있으니 적반하장도 이만 저만한 적반하장이 아닐 수 없는 것입니다.

그렇기 때문에 우리는 검찰의 불기소가 크게 잘못 되었다는 것이며, 이에 대한 조치로 가장 훌륭한 방법은 기소하여 재판에서 잘잘못에 대한 시시비비를 가려야 한다고 주장하는 것입니다.

최근 빈번히 발생하고 있는 군 내부의 하극상 사고는 참으로 우리 국민들을 우울하게 만들고 있습니다.

이런 군대가 정말 전쟁이 일어난다면 전투를 해낼 수 있을까? 국토

방위와 국민의 생명과 재산을 보호하고 지킬 수 있을까? 하는 의문을 안 가질 수 없는 것입니다.

금번 검찰의 불기소 결정은 앞으로 더욱 군하극상 범죄를 부추길 수 있는 위험한 결정이고, 또 다른 쿠데타를 일으키게 할 수 있는 결정이라고 볼 때 대단히 위험천만한 발표라고 말하지 않을 수 없습니다.

육군소장의 별 두 개가 더군다나 비상시국하에서 직속상관 육군대장을 총으로 납치·연행, 물고문까지 했는데 하물며 육군상등병이 육군대위 총 못 쏘라는 법 있습니까? 초급장교 길들이기 사병까지 중형의 실형을 주어 형무소 생활을 하고 있는데 부모 죽인 박한상 같은 패륜아, 전두환 군대 패륜아, 하극상 반란수괴는 더욱 가혹한 처벌을 해야 되지 않겠습니까?

돌연한 10·26 박 대통령 시해 사건 발생 이후 합법적인 민주발전과 민주정부 출범을 위하여 군의 정치적 중립을 외치며 전력 투구하던 정승화 계엄사령관을 불법으로 납치·투옥하고 고문시킨 군대 패륜아를 당장 잡아다가 처벌하지 않으면 개혁이고 뭐고 아무것도 안된다는 것을 분명히 알아야 합니다.

또한 검찰이 전두환 일당의 반란죄는 인정하나 국가 공헌과 국론 불열을 위해 불기소처분을 하였다는 것은 법논리 이론에도 맞지 않는 수사 발표로써 국민 감정과 법치 정서를 너무 모르는 위험천만한 결정인 것입니다.

우리가 처벌을 요구하는 것은 대통령 되기 전 육군소장의 신분으로 육군대장의 목을 친 군사반란 범죄에 대한 단죄를 요구하는 것이며, 검찰의 국론 분열에 대한 염려는 오히려 전두환 일당을 처벌하지 않는다는 국민의 열화 같은 여론으로, 국론 분열과 국력 소모가 될 수 있다는 것을 명심해서 하루빨리 기소 처벌해야 한다는 것입니다.

특히, 국가 공헌이란 이치에도 맞지 않습니다. 불법으로 정권을 찬탈하고 포악무도한 억압통치와 수많은 애국시민을 학살 살인 괴수와 반란 일당이 무슨 국가공헌을 했다는 것입니까?

더욱이 전두환 일당은 국민의 세금. 국민의 돈으로 공부하고 장군까지 되어서 적도 아닌 우리 수많은 애국시민을 학살시켰는데, 자기를 공부시키고 키워 주고 돈 대준 국민을 죽인 것이 무슨 국가 공헌이란 말입니까?

당장 잡아다가 반란수괴에 대한 최고 사형에 처해야 할 것입니다. 또한 불법 범죄 행위를 하고도 들키지 않고 범죄에 성공하고 승리만 하면 된다는 범죄 논리를 인정해 주는 꼴이 되었는데 이는 국민의식과 정서를 범죄심리로 물들 수 있게 하는 위험 천만한 발상으로 즉각 철회되어야 할 것입니다.

건군 이후 들어보지도 못한, 사병이 장교를 총 쏘아 죽이는 해괴한 상관살해 사건은 특히 전두환 하극상 수괴가 뿌린 씨앗이며, 지존파의 인명경시 살상사건, 전국을 강타하고 있는 세금착복 비리, 복지부동에서 발생한 성수대교 붕괴사건 등 온갖 사회비리 현상은 전두환 일당이 씨뿌려 놓고 부정 군권, 부정 정권 찬탈과 부정 축재를 일삼은 비리 병폐 현상 때문인 것입니다.

전두환 반란수괴 일당이 그 동안 끈질기게 허위 조작하고 논리를 비약 전개하여 국민을 현혹시켰던 것이 이번 검찰조사로 명명백백하게 밝혀졌습니다.

그 중에서도 중요한 몇 가지를 말씀드린다면 당시 국가의 실질적 최고 실력자인 정승화 개엄사령관을 체포•연행하는 것은 최규하 대통령의 사전 재가를 받았다는 것이었고, 12•12 사태는 정 총장을 연행•조사하려는데 반항하여 빚어진 우발적인 사건이었다는 것과 정

총장을 잡으러 갔던 우경윤 대령의 하반신 불구의 총상은 정 총장 아들이 쏘았다는 것이었습니다.

우선 최규하 대통령은 전두환으로부터 정 총장을 연행하여 조사하겠으니 재가를 하여 달라는 요구를 받고 무려 10시간을 버티면서 노재현 국방장관과 같이 와서 보고할 것을 요구하였습니다.

이때 전두환은 반란에 참가했던 장성들을 집단으로 다시 끌고와 대통령을 위협하며 결재를 강요하였으나 끝내 거절하였으므로, 대통령의 사전 결재는 있지도 않았고 하지도 않았습니다.

또한 우발적 사건이라는 말은 국민을 우습게 보고 우롱하는 행위였습니다. 합동수사본부장이란 계엄사령관 휘하의 일개 부서장에 불과한 직위였습니다.

어떤 비행조사를 하여도 개엄사령관의 승인과 지시 없이는 할 수도 없고 수사가 필요한 용의자가 있다고 하여도 사전 보고와 승인 없이는 수사를 할 수 없는 것입니다. 하물며 수사권의 최고 권한자이며 직속 상관인 계엄사령관을 연행한다는 것은 군사반란이 아니면 할 수 없는 일이고 체포・구속도 군사반란 목적이 아니면 있을 수 없는 것입니다.

더구나 12・12 반란 1개월 전부터 'K공작계획' 이라고 정권 찬탈 계획을 세워 놓고 군사반란을 일으킨 것을 어찌 우발적 사건이라고 할 수 있겠습니까?

특히 더욱 우리를 슬프게 하고 분노케 하였던 부분이 있습니다. 우리 사회는 자식이 부모를 죽이면 패륜아로 영원히 매장되는 국가 사회입니다.

공직사회에서 상관은 부모보다 더 엄한 존재일지도 모릅니다. 마치 자식이 부모를 죽인 것과 같이 상관의 목을 친 전두환 군사 패륜아는 그것도 마음에 안 차, 정 총장을 납치하러 갔다가 자기가 데리고 간 사람 총에 맞아 하반신 불구가 된 우경윤 대령의 총격을 정 총장 아들이 쏘았다는 것이었습니다.

자기 부모와 같은 직속상관의 목을 치고 알몸으로 만들어 물고문까지 한 반인륜적이고 반인간적이며 현대사에 가장 악동인 살인마 전두환 반란수괴는 그것도 간에 안 차 정 총장의 아들에게까지 누명을 씌우려고 하였으니, 그 패륜 행위를 생각하면 울분을 참을 수가 없습니다.

또 한 가지 비정한 사실이 있습니다. 그것은 정 총장의 수행부관과 경호장교가 전신에 10여 발의 총탄을 맞고 쓰러져 피투성이가 된 채 신음하고 있는데, 반란 일당들은 정 총장을 납치하며 달아나면서 다시 이들 부관과 경호장교에게 확인 총격을 가하고 달아나는 천인공노할 만행을 저질렀던 것입니다.

전쟁터에서도 부상당한 적군에겐 총질을 하지 않는 법이거늘 어찌 동료 전우에게 적군보다 더한 이 같은 만행을 저지를 수 있는 것입니까?

전두환 군사반란 수괴와 그 일당을 그냥 놔둬도 되겠습니까? 그 많은 사람을 죽인 이들을 살아 남게 해야 되겠습니까?

많은 민주애국시민을 죽이고 그 엄청난 죄를 짓고도 파리 같은 목숨을 부지해서 뭘 하겠다는 것인지 묻지 않을 수 없는 것입니다.

법은 만인 앞에 평등해야 합니다. 중대장을 죽인 육군 일등병이 처벌받는 것이나 참모총장의 목을 친 육군소장을 처벌하는 것은 같은 맥락에서 이루어져야 합니다.

하극상을 일으킨 상병, 병장이 처벌받는데 육군소장·장군이 일으킨 하극상은 처벌되지 않는다면 만인 앞에 평등해야 할 법은 존재가치를 잃게 되는 것입니다.

오히려 전두환 일당의 경우는 최고 실력자인 계엄사령관, 참모총장을 불법 구속하고 감옥에 보낸 반란을 일으켰으니 더 큰 벌을, 더 큰 형을 주어야 할 것입니다.

여러분!

전두환 반란수괴와 그 일당이 무엇을 잘했다고 면죄부를 주어야 됩니까? 나라를 바로잡고 민족 정기를 다시 세우기 위해서도 전두환 일당에게는 엄한 처벌을 내려야 합니다.

그들이 받은 훈장을 비롯하여 예비역 장군의 신분을 박탈하고 각종 부정축재로 모은 재산을 모두 몰수해야 합니다. 사형이나 감옥에 보내서 이땅에서 못살게 추방해야 합니다.

죄를 지으면 벌을 받는다는 '죄와 벌'의 원리와 인과응보의 원리를 국민 모두가 다시 한 번 깨우치는 귀중한 기회가 되도록 해야 합니다.

반란·내란에 참여했던 현역 국회의원, 군인장성, 공직자는 모두 쫓아내고 반란 정권에 참여했던 고위 관료들은 각성하고 자숙해 자진 낙향하여 반성의 여생을 보내야 할 것입니다.

전두환 반란수괴와 그 일당은 군사반란자로 규정된 이상 더 이상 변명하지 말고 반성하고 사죄해야 하며, 가장 두려워하는 자식에게도 반란군의 아버지였다는 것을 용서받고 도덕성을 되찾아야 할 것입니다.

이것이야말로 자기가 지은 죄에 대하여 진정으로 용서받을 수 있는 유일한 길임을 명심하여야 할 것이다.

우리 나라는 반만년의 유규한 역사와 빛나는 전통을 가지고 있는 민족입니다. 도덕과 예절을 숭상하는 것을 누구나 자랑으로 삼아 왔습니다.

그러나 지금의 현실은 이웃을 불신하고 배타적이고 이기적인 민족이 되고 말았습니다.

이렇게 도덕과 윤리와 사회 규범이 땅에 떨어지고 파괴되고 한탕주의 불신풍조가 만연하고 있는 도덕 정신의 타락상은 전두환이라는 부도덕한 사람이 국가통치를 하였기 때문이었습니다.

우리들은 금번 검찰의 불기소에 불복하여 항고 재항고 헌법소원을 했습니다. 큰 기대는 하고 있지 않으나 언젠가는 기소된다는 신념과 역사를 바로잡는 일에는 한치의 양보도 없다는 것을 확실하게 밝혀둡니다.

만약 전두환 일당이 기소되지 않는다면 현재 우리 나라의 총체적 난국을 극복할 방법이 없다고 봅니다. 국가 사회 전체가 병폐와 비리로 오염된 것은 12·12 군사반란에서 잉태되었고 5, 6공으로부터 확산되었기 때문에 전두환 일당과 5, 6공을 청산하지 못하는 한 개혁은 성공할 수 없다고 보는 것이며, 그릇된 국민 의식도 바로 잡지 못하고 문민정부도 희석될 수밖에 없는 것이다.

죽은 구덩이를 자꾸 파는 일에 열중할 것인가, 행복하게 살아갈 좋은 집을 짓는 것이냐이다. 건국 이후 전례가 없었떤 일등병이 장교대위 중대장을 조준 사살하는 해괴한 상관살해 사건이나 군대 내에서 발생하고 있는 각종 하극상 군기 사고는 우리 젊은 세대들이 잘못되어 있다는 증거였다.

그것은 한탕주의, 군권찬탈이 몰고 온 도덕성 상실이 그들에게 오염된 것으로 전두환 일당이 뿌린 12·12 군사반란이 바로 그 씨앗인 것이다. 지존파의 마구잡이 살인사건이나 교수가 부모를 칼로 찔러 죽이는 인명 경시의 패륜적 범죄사건 막가파의 무자비한 살인사건이 끊이지 않는 것도 자신의 욕망을 채우기 위하여 총칼로 상관의 목을 친 군대 패륜아 전두환 일당이 뿌린 씨앗 탓인 것이다.

전국 어느 공직사회에서나 만연되고 있는 공무원들의 세금착복, 부정축재 비리나 부동산 투기 비리도 전두환 일당의 율곡비리와 비자금 축재 비리에서 파급, 오염된 것이다. 정직하게 법을 지키며 사람답게 살고 있고, 살려고 노력하던 대다수 국민들은 어느 날 갑자기 전두환 일당이 부정한 방법으로 권력과 돈을 한꺼번에 거머쥐는 한탕주의를 보고서 힘들게 돈 벌 필요가 없다는 생각에 불법한 방법을 배워 써먹고 그것을 일삼고 있는 것이며, 정의로운 사회건설의 꿈이 깨지고 무질서가 판치는 무법사회가 된 것이다. 이렇게 나라가 나라가 아니고, 사회가 사회가 아니고, 사람이 사람이 아닌, 엉망이 된 무질서 불법의 사기(詐欺) 사회는 정권 찬탈 부정에서부터 부정·비리·부정에 이르기까지 부정의 수괴 노릇을 하면서 이 나라를 망쳐 놓은 전두환 군사반란 수괴와 그 악인들 일당으로부터 발생하고 파생된 것이다. 이러한 무질서 불법사회를 만들어 놓은 국사범, 역사범 전두환 반란수괴와 그 악인 일당을 단죄하지 않는다면 정의사회는 불가능한 것이다.

필자는 이러한 역사적, 국가적, 국민적 소명의식에서 죽음을 각오하고 국민 최초 전두환·노태우 두 전직 대통령을 고발했었다. 다행히도 김영삼 문민정부와 사법부는 이들을 단죄함으로써 법은 만인에게 평등하다는 교훈을 주었으나 불행하게도 김대중 국민의 정부는 반성 없는 이들을 사면·복권시키는 큰 잘못을 저지르고 말았다. 그러나 필자의 이 고발은 이들의 단죄를 이끌어 낸 원동력이 되었고 조국과 가정의 영광과 명예로 생각하고 있다. 이들의 단죄를 이끌어낸 원동력이 되었다.

제 2 장
부정부패추방 시민연합 창립축하 기념연설내용

필자 부정부패추방 시민연합회초청(전KBS사장, 전 변협 이세중 회장) **창립대회에서 연설한 내용**

그 목숨 부지할 수 있다고 보십니까? 그 목숨 부지하려면 대통령 자리까지 차지해야 되지 않겠습니까?

그렇다면 대통령 자리, 정권, 국헌 찬탈하려고 마음먹었는데 전두환이가 최규하씨 겁냈겠습니까?

또한 최대통령이 재가 안한다고, 전두환이가 떨었겠습니까? 천만에 말씀입니다. 떨지 않았습니다. 정궈찬탈 마음먹은 사람이 떨리가 없다는 것입니다. 전두환이 마음 같아선 정 총장 납치하듯 한방에 해치우고 끝내고 싶었겠지만 그러나 그 당시 국민정서가 폭발적 쿠데타를 용인하지 못할 때라 그렇게 했다가는 전두환 모가지 달아 날 것입니다. 시나리오, 각본에 의한 다단계 장기계획에 의한 정권 찬탈인 것임을 여러분은 분명히 아셔야 할 것입니다.

저는 당시 총리 공관을 공격 점령한 5개 소대 이상 병력 중에서 또 목격자가 나와 앞으로 양심선언이 이어질 것으로 확신하고 있습니다. 그것은 9일 아침에 저에게 전화로 당시 총리공관 출동자라고 밝히면서 최대통령이 입을 안열고 또 부인하는 말을 하면 양심선언하겠다고 말하면서 용기 잃지 말라는 격려전화도 받았습니다. 그리고 이번에 제가 폭로한 내용은 처음 언급한 것도 아니고 제가 쓴 『고발』 책에도 이미 명시되어 있는데, 이 것은 최대위의 말을 인용한 것이며, 고급장교 장군 사회에서는 권총위협설에 대하여 공공연히 얘기하고 있는 것입니다. 또한 이외에도 전두환의 권총협박설을 뒷받침하는 것은 12·12 반란 다음 날인 13일 아침에, 최규하씨는 김종필 씨와의 전화통화에서 『아이고 어제밤 나는 죽는 줄 알았다』는 얘기를 했습니다. 여러분은 전두환이가 결제만 해 달라는데 최규하씨가 죽는 줄, 죽을 뻔 했겠습니까?

전두환이가 국가수반인 대통령을, 존경하는 태도로, 공손히 결제를 요구하였는데, 죽는 줄 알았겠습니까? 말도 되지 않는 것입니다. 여러분!

저를 또 전두환 쪽에서 명예훼손죄로 고발하였다고 합니다. 이것이 사실이라면 저에 대한 명예훼손죄로 역고소할 것입니다.

이자리에 참석하신 존경하옵는 신사숙녀 여러분!

명예(名譽)란 무엇입니까? 명예훼손이란 보통사람에게 명예를 훼손하였을 때 해당되는 말입니다.

직속상관을 잡아다가 고문 폭행한 군대 패륜아, 대통령 자리를 빼앗은 정권 찬탈자, 수많은 양민을 학살시킨 살인자, 사형에 해당죄는 죄를 짓고 감방에 갖혀있는 죄수가 무슨 명예가 있다고 명예훼손 이라는지 도저히 상식적으로도 이해가 되지 않는 것입니다.

12•12 군사반란자 그 수괴와 그 일당들은 이제는 국민들을 그만 우롱하고 우습게 보지말고 국민에게 사과하고 회개 하기를 강력히 촉구합니다.

여러분!

군권, 정권 찬탈 부정에서부터 시작된 비자금 축재부정 등 각종 부정부패를 이제는 완전히 추방하고 정의로운 나라를 건설해야 합니다. 부정부패 추방 시민 연합의 창립을 다시 한번 축하 하면서 축사에 대신 합니다.

감사합니다.

제 3 장
삼청교육대 환경시민운동 창립 출범 축하기념연설

아래 연설문은 저자가 2004년 3월 21일, 삼청교육대 전국투쟁국민운동본부 주최로 서울 양천구청 대강당에서 실시된 국민운동 전국지도자 6만명 청중에게 연설한 내용이다.

축사

여러분 안녕하십니까?

이 자리를 빛내기 위하여 바쁘신 가운데도 참석하신 민주당 이원형 의원님! 전국 각지에서 참석하신 6만 국민운동 지도자 여러분!

방금 사회자로부터 소개받은 전 계엄사령관 겸 육군참모총장 정승화 12·12 쿠데타 진상규명 위원장 비서실장 겸 위원회 사무총장, 바른사회만들기운동본부 상임대표 김광해 총재입니다. 2년전에도 오늘과 같은 행사에 초청되어 간단한 인사말씀을 드린 바 있어 많은 분과는 구면이기도 합니다.

오늘 이곳에 자리를 함께한 지도자 여러분은 과거 삼청교육이라는 사건의 피해자들이기에 이에 대한 말씀을 드리지 않을 수 없는 것입니다. 삼청 교육은 지금으로부터 24년 전인 1980년 8월에 12·12 군사쿠데타를 일으킨 반란군에 의해서 자행되었던 불법 공권력에 의한 희대의 살상 만행 참극이었습니다.

사망자 650 여명, 장애자 3,700여 명이 발생했고 6~7만 명의 피해자가 국가보위입법회의 포고령 13호라는 암호명에 의거 기습적으로 검거 체포되어 군부대에 끌려와 혹독한 생지옥생활을 하였던 악몽 같은 사건으로 이는 군사반란 주역들이 불법으로 탄생시킨 정권을 강화하고 유지시키기 위한 수단의 하나로 감행된 귀중한 인명 학살 사건이었습니다.

그러나 이러한 끔직한 살인 만행 사건임에도 불구하고 과거 정권들은 이 엄청난 삼청교육 피해자에 대한 정확한 진상 파악이나 학살 책임자 처벌, 피해 보상 등을 요구하는 고소, 고발, 진정 등을 외면하고 소극적인 자세로 일관해 왔었습니다.

그러나 서영수 삼청교육 피해자 전국 투쟁 위원장과 수많은 삼청교육 피해자 여러분은 군사정권에 유린된 인권 명예회복 피해보상을 위한 끈질긴 투쟁과 노력으로 결국은 특별법이 제정 공포되고 돌아오는 8월부터는 피해자 신고를 받고 보상을 실시하게 된 것은 참으로 다행한 일이 아닐 수 없습니다.

본인은 문민정부 출범 직전부터 12·12 쿠데타 진상 규명과 반란자 처벌이 선행되어야 삼청교육 피해자를 포함한 모든 분야 피해자에 대한 명예회복과 보상이 가능하다고 판단되어 고급장교 출신으로는 최초로 반란수괴 전두환·노태우 양인을 목숨 걸고 살인죄, 반란죄 등으로 단독 고발했고, 그 후 결성된 12·12 쿠데타 진상규명 위원회 간사장 사무총장과 정승화 위워장의 비서 보좌역으로 역사를 바로 세우는 실무에 혼신의 노력을 경주한 결과 12·12 사건은 '군사반란'이라는 대법원의 확정 판결을 받아 냈고, 반란자들을 단죄시켰습니다.

특히 12·12 군사반란 조사가 한창 진행 중일 때 서영수 위워장이 본인의 안내로 정승화 장군을 예방, 지지부진한 검찰조사 촉구를 건의 협조 요청하여 정 장군은 본인에게 검찰을 방문, 삼청 교육 피해자들에 대한 신속한 조사를 건의한 바 있어 신속하게 잘 처리된 것으로 알고 있습니다. 이러한 노력들이 좀 늦은 바는 있지만 이제는 결실을 보게 되었고 불의는 반드시 패망하고 정의는 반드시 승리한다는 귀중한 교훈을 전 국민에게 안겨주어 기쁘기 한이 없습니다.

그러나 아직까지도 군사반란 정권에 의한 각 분야의 많은 피해자들은 명예회복과 피해보상을 받지 못하고 있어 사실상 12·12 반란은 청산되지 않은 미완의 사건이라고 볼 수 있습니다. 어쨌든 삼청교육 피해자에 대한 명예회복과 보상은 법이 살아 있다는 증명을 보여준 것으로 환영할 일이며 이제는 정말로 이와 같은 불행한 역사가 되풀이 되지 않게 정치 권력자나 국민 모두는 큰 교훈으로 삼아야 할 것입니다.

차제에 삼청교육 피해자 여러분은 반란자들로부터 승리한 역량을 승화시켜 조국을 사랑하고 민족을 사랑하고 후손의 장례를 생각하는 훌륭한 국민이 되도록 노력해야 할 것입니다.

끝으로 오는 지도자 대회에 참석하신 국민연대 많은 지도자 분들과 가정의 행운과 건승을 기원하면서 서영수 위워장과 임원 여러분의 노고에 감사드립니다. 감사합니다.

2004년 3월 21일
김광해

제 3 부 (C) 우초 작품 중 우수작 선집
제 1 장
우초 김광해와 정승화 참모총장 인연

나 우초 김광해와
정승화 전 육군참모총장

필자는 정승화 장군과 같이 몇 번 근무한 적이 있었다. 육군종합행정학교장 제 3군단장 시에는 정훈공보장교로, 제1군사령관 시에는 비서실 근무로, 육군참모총장 시에는 본청 같은 건물 내 작전참모 보좌관으로 업무를 직간접적으로 보좌 수행한 적이 있었다. 이런 연유로 12·12 쿠데타 사건을 보면서 그것도 믿었던 부하 장군에게 당한 아픔이 얼마나 컸겠냐, 하는 마음과 너무 안쓰러운 생각에 내가 도울 일이 있다면 돕고 싶었다.

당시 정 장군은 민주당 김영삼 대통령후보 선거유세가 한창이던 때에 민주당 상임고문으로 입당하여 김영삼 후보를 지원하기 위해 김 후보와 같이 전국을 다니며 김 후보 지원유세를 하였다. 나는 당시 민주당 선거대책위원회 안보위원으로 입당하여 정 장군을 직간접으로 업무를 보좌했다. 그것은 정 장군의 연설을 모니터하여 정훈교관 출신으로 조언을 하는 등 참고사항을 알려주었다.

이런 연유는 군인 출신만이 갖고 있는 끈끈한 전우애 군인정신정분 때무이었다, 그러나 대부분의 군인 출신이나 국민들은 정 총장을 사전 반란을 막지 못한 바보 장군이라 했지만 나는 100여 회가 넘는 강연 시 많은 질문에 그렇게 생각하지 않는다면서 한 놈의 도둑놈을 100명이 잡지 못하는 것과 같다고 항변했지만 설득력이 미약했었다. 이 당시 정의감이 있는 국민들은 전두환과 노태우를 고발하고 싶었으나 무섭고 겁이 나 눈치만 보고 있다가 1993년 5월 19일, 나의 고발이 도화선이 되어 국내외에서 10여 건 40명의 고소고발 합동고소가 있었다.

그 후 나의 고발이 있은 2개월 뒤 정 장군을 비롯한 예비역 장군 22명의 합동고소가 이루어졌고, 이 모임명을 12·12 군사반란 진상규명위원회(위원장 : 정승화 장군, 부위원장 : 안종훈, 윤흥정 예비역 육군 중장, 사무총장 김광해 총재) 일명 '일목회(日木會)'라 칭했고, 이 모임에서 정 장군의 제청으로 나를 간사장(사무총장)으로 추대하였다. 나의 임무는 중차대하였다. 피고소인(반란군) 측의 조사에 대처하는 정보수집과 검찰 조사계획 등을 입수하여 대책수립과 주 1회 실시하는 회의 시 회의록 준비와 위원장인 정 장군과 위원들에게 발표하고 대책을 강구하는 것이 나의 주 업무였다.

장군 회원이 22명이 있었으나 나의 발표를 듣는 것과 상호 의견 교환과 토의가 끝난 뒤 식사 후 산회하는 것이 전부였다. 정 장군은 내가 하는 일에 크게 흡족해 했다. 또한 정 장군이 육군참모총장을 역임한 4성 장군 출신임을 예우하여 현역 시절과 같은 군인정신 아니 그 이상의 충성심으로 보좌했고, 정 장군도 나를 믿고 격려하고 만족해했다. 나는 정 장군의 유죄판결에 대하여 재심 무죄 판결을 받아내 명예회복을 위한 그를 돕기로 했다면 꼭 성취하기로 마음먹고 12·12

반란주역들이 아직도 영향력을 행사하고 있어 누구나 함부로 다룰 수 없다는 민감한 사항이라 위협을 받을 수도 있다는 판단에 어떤 어려움이 닥쳐와도 목숨 걸고 돕겠다고 비장한 굳은 각오를 하고 그를 돕기로 했었다.

정 장군 공식 활동(검찰출두, 국회증언, 기타) 시는 나의 아들까지 동원, 운전을 시켰고(나는 사전 답사한 곳에 정 장군을 안내 수행) 아들이 운전을 할 때 차 안에서 나의 아들이 듣는데 무죄판결이 나와 18년치 연금을 받으면 나눠줄 사람이 많다고 여러 차례 말했으나 나의 아들까지 수고비를 주겠다는 언질을 주고 연금 3억 원이 나왔으나 고생한 수고비를 주지 않았다. 수고비를 안 줘 일목회 운영비 채무변제라도 해달라고 말하였더니 큰아들 정홍열씨가 아버지가 일을 매끄럽게 처리하지 못했다고 하며 무슨 거래 흥정하듯이 깎았다 말았다 하고는 금일봉을 어음으로 주었는데 이 금액은 택도 없는 마음에 들지 않는 금액으로 채무 청산도 불가능한 금액이었다.

그러나 대가나 돈을 받자고 도와준 것은 아니기 때문에 받기는 받았지만 채무변제나 해주기를 바랐지만 그것도 안 되는 금액이라 크게 실망했었다. 해도 너무한 사람이었다. 나와 내 아들은 수고비를 준다고 하니 더욱 열성을 다해 일했고 물심양면으로 돈까지 얻어다[내 집을 담보로 돈을 대출받아 일목회 운영비와 기타 경비로 상당 금액(1억 이상, 책 출판비 포함)을 썼고, 결국은 빚을 변제하지 못해 집을 경매로(지금 시세로는 10~13억 원), 날려보냈다.

나는 죽기 살기로 그의 명예 회복을 위해 큰일 한번 해보자고 봉급 받는 개인 비서같이 온 정성을 다해 보필하였다(나는 수고비를 준다고 하니 줄 것으로 믿고 더욱 열심히 일하지 않았겠나? 이것이 사람의 심리이고 정상적인 인간이지 않겠는가?) 댓가를 바라고 도운 것은 아니지만 사람이 너무 상대 못할 사람이며 해도 너무 무정한 사람이었다. 당시 나에게 고생 수고비를 10억 원을 주어도 내가 한 일에 비하면 만족하지 못할 판인데 내가 그를 도와준 것은 돈으로 환산할 수 없는, 따질 수 없는 상당한 금액일 수 있다.

그는 당시 강남역 부근에 100억 정도의 빌딩을 소유한 재력가이기도 했다. 그런 것도 모르고 돈을 대출받아 일목회 운영비로 썼고 오직 그의 명예회복을 위하여 목숨 걸고 온 정력을 쏟고 쏟았다. 그렇게 그를 10여 년이나 보필했으나 수고비가 없는 것을 알고 결국 나 혼자 애를 쓰고 이용당한 배신의 아픔에 많이 울었다.(배신을 당해보지 못한 사람은 배신의 아픔을 모른다) 내가 도와준 고마움의 댓가가 분노와 배신이라니 기가 막혔다. 돈을 준다는 말이나 안 했으면 이 엄창난 충격이나 배신감은 덜 했을 텐데 가족과 아들 보기에도 민망스러웠다.

나의 심장병이 생긴 시초는 이때부터이며 1993년 10월 21일 오후 3시경, 정 장군의 잡다한 전화 지시를 잔뜩 긴장한 가운데 받는 중(늘 충성심과 긴장을 다 한 가운데 전화를 받았음) 가슴에 심한 통증과 함께 뒹굴며 쓰러졌다. 병원에 신속히 이송되어 살았으나 죽을 수도 있는 무서운 병이라고 하였다. 급성 심근경색이라는 병이었다. 신속한 병원 도착으로 생명을 건질 수 있었고 그것이 심장병의 발명 시초였다.

특히, 내가 정 장군 유죄 판결 재심 신청이 기각으로 될 가능성이 있다는 정보를 입수(문화일보에도 보도됨)하고 정 장군에게 말했더니 큰 낙심을 하면서 내게 무슨 방법이 없겠느냐고 물어 내 생각을 이야기했더니 그렇게 한번 이야기 해주겠냐고 하여 내가 알아서 하겠다고 하고 재판장과 단판을 벌였었다. 그 단판 벌인 결과인지는 잘 몰라도 정 장군은 재심에서 무죄 판결을 받았었다. 그 단판 벌인 내용을 정 장군에게 이야기하니 깜짝 놀라며 만족해 하였다. 이런 큰일을 한 나에게 그렇게 섭섭하게 할 수는 없는 것이다.(이런 단판 행동은 정 장군 아들도 못한다고 자신 있게 말할 수 있음) 그는 참으로 사람을 최대 이용하고 사례도 안 하는 무뢰한(無賴漢), 우유부단, 한 사람의 대표라는 생각이 들었다.

12·12 반란 고소, 고발, 조사 및 재판까지(장 장군 재심 재판 포함) 오랜 기간 5~6년 동안 사건조사와 재판이 진행되었으나, 정장군의 과거 부하 중 한 사람도 신경을 쓰거나 사건이 어떻게 진행되는가를 문의하는 사람이 없는 것을 보고 그의 인간성이나 살아온 인생사, 군대생활을 알 만하였다. 누구 하나 불이익을 당할까 참여나 문의나 신경 쓰는 사람이 없었다. 오직 나 한 사람뿐이었다.

나는 그의 감언이설에 이용만 당하고 속고 속은 분노, 스트레스가 가장 큰 충격과 배신으로 돌아왔고 뇌졸중 발병의 주요 원인으로 확정지어 말할 수 있다. 그는 하나뿐인 목숨을 걸고 일한 나 같은 무보수 충신에게 이렇게 한을 남기고 못할 짓을 하고 한 많은 인생을 마감하였다. 나는 죽어도 영혼까지도 그를 저주할 것이고 원한으로 삼을 것이다. 그의 그런 처신과 인간성이 부하 장군에게 12·12 군사반란을 당하는 무능 장군, 아니 무능 군인이라고 말할 수 밖에 없었다. 옛날(6·25경험) 장군들은 관운 좋아 장군된 사람이 많고 정씨도 관운 좋아 육군대장까지 진급했고 육군참모총장까지 된 군인이라고 평가하고 싶다.

전두환이 정 장군을 무능한 무능한 장군으로 보고, 비상사태 때의 계엄사령관 참모총장으로는 부적격한 인물이라고 판단, 군사반란을 일으켰다는 것이 많은 군 고급 간부들의 여론이었다.(당시 보안사는 전 장교, 장군의 신상카드를 작성 보관하고 진급, 보직 등에 활용하고 있었기 때문에 군복무, 성격, 성품, 생활동태를 상세히 기록, 유지하고 있었다.)

　※ 이상 위의 글은 내가 정 장군을 10여 년 보필하면서 보고 느낀 사실, 그의 인간성을 밝힌 것으로 이런 인간성은 가족들도 잘 모를 것으로 판단된다. 오직 관운이 좋아 잘 풀려 세상을 살다간 사람, 아랫사람에겐 관심 없는, 베풀 줄 모르는 대접만 받으려는, 그 고생 옥고를 치르고도 반성과 인생을 모르는 인간, 소인(小人)으로 판단되었다. 결론은 내가 목숨 걸고 정 장군 명예회복을 위한 피땀 흘린 종말이 배신과 불치의 병을 얻어 고생하고 있으니 원망스러울 뿐이다.

　군 선배의 억울함을 보고 같이 근무했던 정분(情紛)으로 도와주려고 했으면 그것으로 족하게 생각해야지 위와 같은 비난을 한 것은 의리 없다는 말을 들을 수 있다는 것을 잘 알면서도 이런 사람이 있어서는 안 되겠다는 것과, 특히 간부 장군들이 본 저서를 읽고 이와 같은 우유부단하고 무뢰하고 기회주의적인 군 간부 장교 장군이 다시는 없게 해야 한다는 생각에서 "정의의 사자(獅子) 국민의 고발인"이라는 대명사를 갖고 있는 저자가 사회고발 차원에서 저술하는 것이다.

　이상과 같은 나의 목숨 건 헌신적 도움의 대가가 분노, 배신으로 돌아와 스트레스가 쌓여 나의 난치병 뇌졸중, 뇌경색 발생의 제일 큰 원인인 것이다. 내가 바보짓 한 것을 어리석은 짓 한 것을 누굴 원망하겠는가? 그런 우유바단하고 무뢰한 사람을 참모총장에 임명한 것은 중대한 실수이고 국가적 손실이라고 보는 것이다. 그기에 무능하여 12·12 사태도 예방하지 못하는, 정보 첩보 없는 눈과 귀가 어두운, 대범하지 못한 소인에 불과한 육군참모총장이었다.

　만약 정승화가 육군참모총장이 아니었다면 10·26 박 대통령 시해 사건은 발생하지 않았을 수도 있었을 것이다. 그는 김재규를 여러차례 만나 식사도 많이 했고 여러 이야기를 나누고 들어 김재규가 무슨 일을 꾸밀 것을 예감하고도 대통령께 보고 하지 않았다. 그의 성품으로 보아 후환이 두려워 보고를 안 한 기회주의자인 것이 분명하였다. 적어도 일국의 육군참모총장이면 대통령 주변에 이상 예감이 발견되면 목에 칼이 들어와도 신속히 보고하여 시해 사고를 예방했어야 한다.

정승화의 모든 불법 혐의를 차제(此際)하더라도 대통령 시해 현장에 있던 것 하나만 가지고도 큰 책임이 있는 것이다. 크게 처벌받아야 될 사람이다. 이런 소인인 줄 모르고 그렇게 일생을 산 사람을 돕겠다고 한 것은 참으로 내가 바보스러웠고 어리석은 사람이었다. 내가 최초 그를 돕겠다고 한 것은 잘못이 아니라고 보지만 결국은 어리석고 딱한 일이 되었다. 내가 얼마나 더 살지 몰라도 다시는 이런 바보짓은 하지 않겠다고 다짐해 본다.

제 2 장
주요 언론과의 필자 기자회견 질의응답 답변내용

아래 내용은 저자가 12·12 군사반란 수괴 전·노를 국민 최초 '살인죄, 반란죄, 내란죄' 등으로 고발할 당시와 정의민주사회시민운동에 대한 언론 질의 취재에 대한 응답 내용이다.(취재 언론은 조선일보, 중앙일보, 동아일보, 한겨레신문, KBS, SBS, MBC, CBS, YTN TV, 월간 조선, 월간 동아, 월간 길, 월간 여성동아, 월간 우먼센스, 일요신문, 토요신문 등)

질문 순서

(1) 12·12 당시 계급, 직책, 고발 배경은?

육본 주요 핵심 직위인 작전참모부장 하소곤 소장(당시 유일하게 가슴에 총격 중상을 입고 사경을 헤매다 구속, 강제 퇴역, 사망)의 보좌관이었고 계급은 중령이었습니다.

12·12 군사반란 수괴 전두환과 노태우를 반란죄, 살인죄로 최초

고발한 것은 영관 장교 중 가장 많은 피해를 당했으나, 이에 대한 보상이나 사후대책이 없이 계속 고통을 주어 우선은 감정이 폭발한 것입니다. 그것은 총 맞은 하 장군 보좌관이었다고 보직을 주지 않아 군대 창설 이후 9개월이라는 최장기 무보직 기록자로 감내하기 어려운 고통을 당하여 이때 자살까지 기도하는 등 심한 우울증으로 인생을 포기하려고 하였으나, 하나님의 은총으로 살아날 수 있었으며 먹고살기 위하여 여러 곳에 취업을 하려고 노력했지만, 번번이 방해를 받으므로 전두환을 죽이겠다는 감정이 악화되어 있었고, 또 다른 것은 불법 한탕주의 이 사회가 이대로 간다면 우리 후손은 어떻게 될까? 큰 걱정이 아닐 수 없으므로 이 한 목숨 날아가도 민족정기와 역사를 바로 잡아야겠다는 용솟음치는 절규 속에서 고발하였습니다.

(2) 12·12 군사반란이 왜 일어났다고 보는가?

전두환 같은 군대 일부 정치군인들의 길을 잘못 들인 박정희 전 대통령의 책임도 있습니다. 물론 박대통령의 업적은 앞으로도 어느 대통령이 나와도 그만한 경제발전이나 통치는 없으리라 봅니다. 그러나 군사 쿠데타라는 선례를 남김으로써, 그의 주위에서 맴돌던 정말 야전 군인이 무엇인지 군대의 '군'자도 잘 모르는 일부 정치군인들이 그들의 대부격인 박종규, 차지철 등이 죽고 없어 한팔 꺾인 데다 권력이란 그런 것 아닙니까? 영도자가 바뀌면 장관이 바뀌는 것이고, 사장이 바뀌면 맘에 드는 중역으로 바꾸듯이 국가 권력직의 하나인 보안사령관이 새 대통령이 정식 취임하면 보안사령관도 바뀌지 않겠나, 그렇다면 그동안 보안사령관 행실로 보아 불을 보듯 뻔한 좌천인사로 군대 생명이 끝나는 것이 아니겠느냐, 하는 보직 불안에서 군사반란을 일으켰고, 군사반란을 하는 데는 당시 계엄하의 실질적실력자인 계엄사령관 정승화 육군참모총장을 제거해야 반란을 성공할 수 있다고 판단하여 정규 육사 출신 하나회 회원을 주축으로 군사반란을 결행한 것입니다. 여기에서 중요한 것은 군권만 탈취하면 정권 국헌 찬탈은 별 문제 없다는 것 즉 최규하 대통령을 내쫓는 것은 식은 죽 먹기보다 더 쉬웠다고 생각한 것을 분명히 알아야 합니다.

(3) 당시 상황은?

퇴근 후 저녁식사를 막 하려는 순간 부대에 비상이 걸렸다는 연락을 받고 육본 상황실에 알아보니 참모총장이 괴한들에게 납치되었다고 해서 택시를 타고 육본으로 신속하게 도착했습니다. 당시 김재규 대통령 시해범의 재판은 사실 심리가 다 끝나고 1차 선고를 기다리는 시점이라 김재규 추종자나 북괴 무장간첩의 총장 납치로 거의 확정적 추정을 하였으나, 부대에 들어와 보니 그것이 아니고 전두환이 쿠데타를 일으켰으나 아직은 성공하지 못한 단계라는 사실을 알았습니다.

육본지휘부는 이 반란 평정을 위하여 다각도의 작전을 펼쳤습니다. 그러나 칼을 먼저 뺀 반란군에게 실 병력이 없는 육본의 방어는 곤란하다고 판단, 육본지휘부는 평정이 용이한 수경사로 옮겼으나 실질적인 평정 책임 치휘관들의 용기 없는 소극적인 태도로 반격이나 저항 한번 제대로 못하고 투항하게 된 것이 당시 상황이었습니다.

저는 이때 육본 작전참모실에서 1공수여단 병력이 무력으로 본 청 점령시 한 방의 총탄에 머리 부상을 당하여 죽을 뻔하기도 하였습니다. 당시 직무 수행을 제일 잘못한 직무유기에 해당되는 사람은 최규하 대통령, 노재현 국방부장관, 윤성민 참모차장 등입니다.

(4) 군사반란 승리자들은 그 후 어떻게 출세했나요?

그야말로 마음대로였지요. 최규하 내각의 장관 임명에도 관여했고 장군들의 진급, 인사는 전두환 마음대로 결정했습니다. 하루 아침에 군인사법에도 없는 규정을 만들어 별들을 하나둘씩 마구 더 달았고 보직도 나눠먹기 식으로 했지요. 그들은 서로 좋은 자리를 차지하려고 전두환을 찾아가 부탁, 청탁을 하기도 했고 좋은 자리, 나쁜 자리 앉은 사람끼리 감정대립도 있었다고 합니다. 한마디로 북 치고 장구 치면서 나름대로 흑심들을 부려 전두환이 애를 먹었다는 이야기도 있었습니다. 그런 것들이 양 허씨 등장과 퇴진 역모 주모 장성들의 영전과 좌천 등이라고 보는 것입니다.

(5) 고발 이후 검찰 재조사 발표까지 경위와 견해는?

저는 1993년 5월 19일 12·12 당시 고급장교 출신으로는 최초로 전·노를 반란, 살인죄로 고발한 이후 만 두 달 후인 1993년. 7월 19일에 정승화 총장등 장군 22명의 합동고소가 있었고 고발 접수 총 10건에 32명이 고소고발한 것을 한 사건으로 통합, 1993년 8월 16일부터 조사를 시작, 연말까지 고소인 조사를 1994 3월경부터는 피고소인 조사를 시작, 94년 10월 29일 역사적 발표를 하였습니다.

(6) 『고발』이라는 저서를 쓰게 된 배경은?

전두환의 불법 군사반란이 우리 사회에 끼친 폐해는 머리끝에서 발끝까지, 땅 끝에서 하늘 끝까지라고 할 수 있을 정도입니다. 우선 도덕성, 윤리성 상실을 크게 들 수 있습니다. 윗사람의 공경은 우리나라 전통 미풍양속인데 아들이 아버지를 죽이는 세상, 부하가 상관을 죽이는 세상, 적당히 한탕해서 살자는 불법세상을 만든 것입니다. 그것은 권력에도 한탕에 잡아서 대통령하고 돈을 먹기 위해 적당히 공사해서 삼풍 붕괴, 성수대교 참사를 내고 사람 죽이는 공장 만드는 이 세상을 만든 것은 한탕으로 인명경시 풍조를 만든 전두환의 비리 씨앗과 파급 효과입니다. 이러다가는 자손만대, 국가 백년대계를 위하여 극히 위험스러운 일이 아닐 수 없으며 우주의 미아 국민이 되는 것은 불을 보듯 뻔한 것입니다.

특히 국가의 최후 보루인 자랑스러운 군대가 정치군인들의 망령으로 위대한 군의 명예가 땅에 떨어진 것을 제일 가슴 아팠고 너무 안타까웠습니다. 군복을 자랑스럽게 입고 다닌 나로서는 지금의 군인들은 국민 보기 죄송스러워 군복을 안 입고 다닌다는 것이며 육사 지원이 줄어들고 있다는 이 놀라운 사실을 그냥 떨쳐버릴 수 없었습니다.

특히 어떻게 하던지 제3, 4의 쿠데타는 예방하여야 되고 군의 명예는 회복되어야 한다는 국가적, 국민적 소명 그리고 각종 불행한 사고의 계속적인 발생 예방을 위하여 저서를 냈으며 반듯이 죄를 짓고 불법을 하면 처벌되어야 한다는 것을 강조하기 위하여 책을 내놓게 되었습니다.

(7) 손해 배상 및 재복무 신청은 어떻게 진행되고 있는가?

12·12 반란 당시 유일하게 가슴에 총격 중상을 당한 육본 작전참모부장 하소곤 소장과 저는 피해배상소송 신청을 지난해 1월 15일 서울지법에 제기하여 법원에서 처음으로 '군사반란'이라는 판결을 받아 냈으며, 공소시효가 지났다고 손해배상은 기각되었습니다. 그러나 다행히도 금년에 헌법재판소에서 전·노의 공소시효는 아직 남아 있다는 선고를 함으로써 고등법원에 항소를 하였습니다.

또한 강제전역에 대한 재복무 소송 신청 역시 4차에 걸친 심리 끝에 지난해 12월 28일에 전두환•노태우의 구속기소에 따라서 변론재개를 선언함으로써 금년 들어 2차 심리를 마친 바 있습니다.

국가는 피해를 본 김오랑 중령 등 정의로운 군인들이 군사반란자들의 역모 평정을 위해 노력하다가 사망 또는 부상당한 군인들에게 손해배상소송이전에 특별법을 재정, 최소한의 배상을 해 주는 것은 국가의 당연한 의무라고 보는 것입니다.

(8) 역사바로세우기운동은 언제부터 실시하였는가?

1993년 5월 19일, 최초 저의 고발 이후 나와 뜻을 같이 하는 정의로운 사람들이 국가 장래와 자손만대를 위한 건전한 국민정서의 개혁 필요성에 의하여 창립되었습니다. 이 모임은 특별한 회비를 거출하여 운영하는 것도 아니고 애국적인 남녀 인사 누구나가 동참할 수 있게 하였으며 불법이 합법화된 무법사회를 바로 세우기 위하여 회원 상호간 정보를 교환하는 단계로 발족하여 현재 200 여명의 회원이 활동하고 있습니다. 특히 정승화 전 육군참모총장을 고문으로 12•12 진상규명위 간사인 제가 총재로 활약하고 있으며 주요 사업목표는 친일파 잔재 파악 및 은퇴 강요, 12•12 군사반란자 처벌 및 사회 참여 불허 운동, 5•18 광주민주인사 학살 수훈자 서훈 박탈, 민족정기와 역시바로세우기 유공인사 포상, 기타 활동 등입니다.

(9) 전•노 법정에 서는 최초 고발자로서 감회와 소감은?

1994년 10월 29일 검찰의 1차 수사발표 시 고소인들은 군사반란자를 '기소하지 않음'으로 참으로 참담한 심정이었습니다. 마치 칼을 먼저 뺀 놈이 최고, 이기면 그만이라는 법 논리 앞에 아연실색하지 않을 수 없었습니다. 그때 검찰의 불기소 이유는 타당하지 못한 내용

일색이었습니다. 성공한 쿠데타는 처벌할 수 없다. 국민여론 분열로 국력만 소비된다는 등 상식 외의 말들이었습니다. 이러한 사실왜곡으로 오히려 국민들은 검찰을 불신하였고, 국민정서를 더욱 혼란케 하였습니다. 제3, 4의 쿠데타 발생을 가능케 하는 위험한 결정이었으며 정의 사회, 개혁을 불가능하게 하였습니다. 각종 불행사고는 계속적으로 발생 가능케 하는 것이며, 적당주의 한탕주의는 사라지지 않을 것이고 민족정기와 역사를 바로잡는 운돈은 기대할 수 없었던 것이었습니다.

또한 5•18 조사마저 무혐의, 기소 유예 등 불기소 수사발표로 국민들의 재수사와 특검제 요구는 결국 비자금 사건을 터지게 하였고 전•노를 법정에 세우는 세기의 재판이 열린 것입니다. 저는 12•12 군사반란 당시 피해자로는 최초 고발한 당사자로서 반란으로 대통령까지 하였으나 어쨋든 전직 국가원수 2명이 한꺼번에 수의를 입고 법정에 서는 것을 보면서 인과응보의 교훈이 새로웠습니다.

(10)전두환의 최규하 씨 귀총 협박 폭로에 대한 진실은?

지난해 12월 6일 이 문제를 발표한 이후 각종 단체로부터 초청되어 20여 회의 강연을 한 바 있습니다. 전두환 일당이 최규하 전 대통령을 협박하였다는 것은 세상이 다 알고 있는 사실이고, 고급장교, 장군 사회에서는 공공연히 이야기하고 있는 사실 입니다. 저의 증언, 폭로 말고도 최광수 비서실장도 전두환 일당이 권총을 휴대하였다고 말했고, 당시 12월 13일 아침에 최규하 씨는 김종필 씨와의 전화 통화에서 "어젯밤 죽을 뻔 하였다"고 말한 것은 귀총 위협 때문이었다는 것입니다.

더욱이 정동호 경호실 차장의 지시에 따라 고명승 작전 담당관이 병력 50여 명을 무장시켜 총리 공관 경비대장 구정길 중령의 경비 병력을 무력으로 무장 해제시키고 초소에 가둔 것도 최 대통령을 위협한 협박행위에 해당되는 것입니다.

당시 저와 같이 근무했던 최병수 대위는 청와대 55경비단 중대장으로 근무하다가 군에 대한 환멸과 염증으로 유신 사무관으로 지원해 갔는데 (현재 싱가포르 한국대사관 근무) 당시 나에게 총리 공관 출동 중대장이었다고 하면서 전두환 일당의 최규하 씨 위협 장면을 목격했다고 두세 번 나에게 분명하게 이야기했습니다. 그의 말을 더 정확히 밝힌다면 최규하 대통령 앞에서 전두환이 권총을 만지작거렸다는 것이었습니다. 생각해 보십시오. '총장 연행 재가'를 하라면서 면전에서 권총을 만지작거리고 있다면 얼마나 큰 공포와 위협이 되었겠습니까.

저는 12월 9일 밤 12시에 최 대위와 전화 통화에서 세상이 바뀌었다면서 협박 내용에 대한 양심선언을 요구하였으나 공직자라는 말을 자꾸 하면서

"참모님이 제가 안 한 말을 괜히 했겠습니까?"

"그때 저는 그런 말을 했는지는 몰라도 잘 기억이 나지 않습니다"

라는 말로 반시인, 반부인의 말만 거듭했습니다. 나는 마음의 변화가 생기면 양심선언 한번 하라는 부탁을 하고 전화를 끊었습니다. 용기가 좀 있는 사람이라면 양심선언을 해도 되는데... 하면서 안타까워했습니다.

특히 전두환 쪽에서 저희 폭로를 허위라고 저를 명예훼손으로 고발한다고 해서 적반하장도 유분수지 사형에 해당되는 죄를 짓고 감옥에 있는 사람이, 수많은 민주 인사를 학살시킨 죄인이, 무슨 명예가 있다는 것인지 이해가 가지 않습니다.

끝으로 다시 한 번 강조하지만 문민정부 개혁은 전두환 일당의 단

죄가 이루어진 후에야만이 가능하고 이와 같은 단죄 조치가 이루어
질 때 도덕사회가 이룩되고 복지국가와 통일조국이 앞당겨질 것이라
고 확신하는 바입니다. 감사합니다.

1994년 12월 10일
12·12 쿠데타 진상규명위원회
사무총장 김광해

月刊 朝鮮　http://monthly.chosun.com

CONTENTS

이사람

總選 출마하는
12·12 최초 고발인
金光海씨

金基哲
月刊朝鮮 기자

'12쿠테타진상규명위원회 간사 김광해씨

12·12 사건을 최초로 고발했던 金光海씨(53·예비역 중령)가 4·11 총선에 무소속으로 출마한다. 그는 광진을구.

『12·12, 5·18 관련자들을 각 당이 공천하고 있는 마당에 정의가 승리한다는 역사의 교훈을 보여주고 싶었다』는 것이. 그의 출마의 辯이다.

그는 12·12 당시 육본 작전참모부 장 河小坤 소장의 부관으로 반란의 현장을 지켜보았다. 12·12관련자들의 처벌을 위해 백방으로 노력하다가 지난 93년 5월, 12·12사건 주역인 全斗煥·盧泰愚 두 전직 대통령을 검찰에 고발했다.

金씨의 고발이 있은 지 두 달 후 지난 2월 23일 그는 서울 동작동 국립묘지 29호 장교묘역을 찾았다.

12·12 당시 반란군을 저지하다 총격을 받아 사망한 故 鄭柄宙 특전사령관을 채포하려는 반란군을 저지하다 총격을 받아 사망한 故 金五郎 중령의 유가족인 金중령의 묘 앞에서 金중령의 유가족인 형 太郎씨 등과 함께 고개를 숙였다. 이날 방문은 「金五郎 중령 추모사업회」발족 소식을 고인에게 알리기 위해서였다.

이날 오후 「12·12 군사반란 피해자 군인협의회」「군사반란 피해자 유족대책협의회」등 6개 단체로 구성된 「군사쿠테타 피해자연합」소속회원 20여명은 서울 중구 세실레스토랑에서 기자회견을 갖고 鄭柄宙특전사령관과 金五郎 중령 등 당시 피해자들에 대한 명예회복과 피해배상을 정부에 촉구했다. 그는 「군사쿠데타 피해자 단체연합」공동대표로 피선됐다.

金씨는 자신이 당선되면 「金중령으로 대표되는 12·12 피해자 모두의 명예회복과 피해배상을 위한 특별법 제정에 힘쓸 것」이라고 말했다. ●

12·12 사건으로 두 전직 대통령이 함께 법정에 섰다. 그는 감회의 눈물을 흘렸다.

金光海씨는 95년에는 「고발」이라는 책을 펴내 자신이 두 전직 대통령을 고발하게 된 경위를 설명하고 있다. 『제 3의 쿠데타를 예방하고 軍의 명예를 회복하기 위해 책을 쓰게 됐습니다.』

鄭昇和 前육군참모총장 등 예비역 장성 22명의 합동고발이 있었고 94년 10월, 12·12에 걸친 수사끝에 군사반란으로 규정하는 검찰의 수사발표가 나왔다. 그리고 지난 3월 11일에는 드디어 자신의 소망대로 12·12, 5·18 사건으로 두 전직 대통령이 함께 법정에 섰다.

月刊中央 **9** 1994

얼굴

진상규명위 「12·12쿠데타」 간사

金光海

12·12쿠데타 고소사건을 둘러싼 김찬수
12시기 1년을 넘겨 막바지에 와 있다.
수·盧 두 전직대통령이 기소돼 법정에서 斷
罪를 받을 것인지에 눈 구비 관심이 지금 일
몰아 '12·12쿠데타 진실규명위' 간사 金光海
씨(62)·예비역 준장이다.

29년 12·12쿠데타 당시 쿠데타 진압군 된
에 있다가 길고 1cm 길은 MIG 초탄에 관통처
는 소생한 인물이다. 金光海씨 후일의 육군 기
진압부 장이 보직이었던 金씨는 12·12쿠

해자다. 12·12 직후 상관이던 鄭昇和장과 함께
검 예에 던졌다. 한동안 사회활동에도 제한받
아야 했던 金씨는 鄭昇和·鄭小姝씨를 비롯한
29명의 예비역 장성들이 지난해 7월 쿠데타
주역들을 고소한 매부터 실무를 맡아왔다.

「全·盧씨로 법정에 세우는 일은 쿠데타 쿠
데타로 일으킨 정치군인이 매상」이라 강조
하는 金씨는 대전 둔례동산(서울 성동구)에
묻힐 것으로 알려진다.

/사진/朴相徹·글/金有聃

12·12, 5·18,
전두환·노태우 전 대통령
법정

김 광해
간사장 말

전두환·노태우 전 대통령은 12·12, 5·18, 평화의 댐 사건 등으로 고소돼 수사가 진행중이다. 두 전 대통령의 수사와 법정출두 여부가 초미의 관심사가 되고 있다. 문민정부 들어 두 전 대통령에게는 뜨거운 감자가 될 이 사건들은 향후 어떻게 진행될까. 김영삼 대통령은 화합차원에서 희생된 피해자들의 명예회복 조치를 취했다. 그러나 당사자들은 명예회복을 위해서는 진상규명이 선행되어야 한다고 주장하며 법에 의한 처리 호소해 놓은 실정인 것이다. 법은 만인 앞에 평등하다는 측면에서 두 전직 대통령의 수사·재판은 피할 수 없는 현실이 될 것으로 분석되며, 최악의 상황에 구속될 수도 있겠으나 사면 여부는 김 대통령의 몫으로 남을 전망이다. 이에 관한 내용들을 심층취재했다.

12·12 피고 조사중, 9월 기소예상
5·18 피해자들 고소·국민운동 병행

① 12·12 피해자 집단고소

취재/최승우 기자

"전두환 피고 내란목적 살인·유괴·사형, 노태우 피고·사형…"

12·12로 명예와 생업은 물론 생명까지 희생해야 했던 정승화 당시 계엄사령관 등 피해자와 뜻들이 원하는 법정의 결론이다.

물론 이들의 소원이 그들의 사형집행에 있는 것은 아니다. 그러나 이들이 12·12 이후 잃어버렸던 것들을 되찾기 위해서는 최소한 법원의 유죄판결이 필요하다는 것이다. 유죄판결로 모든 것을 되찾을 수는 없다. 이미 목숨을 잃어버렸거나 중상을 입어 장애자가 된 사람들도 상당수 있기 때문이다. 그러나 14년의 세월이 흘러간 지금 이들에게 해줄 수 있는 보상은 명예회복과 물질적 기보상 뿐이다. 이를 위해서 법원의 공정한 판결이 필수적이라는 것이다.

정승화 당시 계엄사령관 등 12·12 피해자 22명이 전두환, 노태우 두 전직대통령을 비롯한 34명에 대해 고소장을 제출한 사건이 법원의 두 전직대통령 소환 조사여부를 놓고 다시 논란이 되고 있다.

이 사건을 다루고 있는 서울지방검찰청 공안1부 장윤석 부장검사는 지난 5월3일 고영승 민자당 무안지구당 위원장(당시 청와대 경호실 작전 차장보)을 소환 조사한 것을 비롯 지금까지 피고소인 34명 중 1차명을 법원으로 불러 조사를 마쳤다.

오는 7월까지 피고소인의 조사 및 참고인 조사를 마칠 예정인 검찰은 지금까지 정승화씨 체포에 나섰던 17명 전원을 조사한다.

그러나 법원은 최규하 전 대통령은 방문 조사로, 전·노두 전 대통령은 서면조사로 대신할 것으로 알려져 고소인측의 반발을 사고 있다.

12·12와 관련, 고급장교로서는 처음으로 고발장을 접수했던 김광해(52세·당시 1군사령부 참모장 보좌관·중령)씨는 이에 대해 "범죄사실을 모든 국민이 알고 있고 김영삼 대통령도 '쿠데타적 사건'이라고 밝힌 이상 기소를 하지 않는 것은 있을 수 없는 일"이라고 못박았다.

집단고소인 모임의 간사를 맡고 있는 김씨는 당시 김대중씨 등이 내란음모로 등으로 사형을 선고받았던 예를 들며 "내란 목적으로 모의를 하고 근무지를 이탈해 살인을 한 구

제적이고 명백한 증거와 증인이 있는 한 기소는 물론 사형선고는 피할 수 없는 길"이라고 주장하고 "만일 법원이 손바닥으로 하늘을 가리려는 모합으로 진실을 왜곡한다면 목숨을 걸고 투쟁할 것"이라고 단호한 입장을 표명했다.

법조계 일각에서도 "명백한 직접 피해자의 고소가 있으므로 기소는 피할 수 없다는 입장이다. 이 경우 3명의 전직대통령은 피고인으로 법정에 설 수밖에 없으며 고소인들의 주장에 따르면 사형선고가 불가피하다는 것이다.

두 전직 대통령의 재임 중 공과는 역사가 평가하더라도 명백한 범죄사실에 대해서는 어떠한 형태로든 밝혀지고 정리돼 앞으로 다시는 군부 쿠데타에 의한 정권 찬탈이나 이를 위한 기도가 없어질 것이라는 입장이다.

② 5·18 피해자 집단고소

취재/심원섭 기자

그동안 간헐적으로 고발운동이 있긴 했으나 그 당사자들이 최고 권력층에 있었건 까닭에 당국의 진상규명 은폐차원에서 고발 자체가 흔적도 없이 사라져 버렸던 것은 사실이다.

참석자

△정승화(대장·전 육군참모총장)
△신현수(중장·전 국방부 특명검열단장)
△윤흥정(중장·전 전투병과 교육사령관)
△하소곤(소장·전 육본작전참모부장)
△김광해(중령·전 육본작전참모부 보좌관)

진행·정리-최승우(본지 정치부 수석기자)

김영삼 대통령은 문민대통령으로 12·12를 쿠데타적 사건이라고 정의했다. 그후 12·12에 피해를 당한 군출신 인사들은 12·12주동자들을 검찰에 소소, 수사가 진행되고 있다. 오는 12월12일은 이 사건의 공소시효가 끝나는 날로서 사건의 결말이 어떻게 날지 세인의 관심을 집중시키고 있다. 전두환,노태우, 장세동씨 등 12·12관련자들은 기소될 것인가, 기소되지 않고 역사의 승리자로 기록될 것인가. 이런 긴박한 정황에서 12·12로 고통을 당해왔던 반란군 진압주역들의 긴급 좌담회를 마련했다.

12·12 기소여부 긴급좌담회

문민정부 ··· 내란 주모자 법정에

정승화 전 육군참모총장   하소곤 전 육본작전참모부장   김광해 전 육본작전참모부 보좌관

정승화 "수세몰린 장세동씨 헛소리… 박정희 거처 몰랐나"

"법정세워 썩고 있는 군인정신 살려야" 윤흥정

하소곤 "전·노씨 반란 권세있다고 놔둬서야"

김광해 "과거화해는 사법적 처리 이후의 문제"

12·12 당시 육본 작전참모부장 보좌관 김광해씨 증언

〝이상한 예감 든다〟

피격당한 하소곤 소장 사모님 떨리는 목소리로 자주 전화

육본에서 나는 12월13일 새벽 4시 1 감금됐다.

12월13일 새벽 1시께 하 장군 사모님으로부터 전화가 왔다. 그날 밤 비상이 걸린 후 3번째 온 전화였다. "부장님은 어디 계십니까" 사모님의 목소리는 떨렸다. 무사하다고 대답했다. 그러나 사모님은 계속 이상한 예감이 든다고 말씀하셨다.

새벽 3시40분쯤으로 기억된다. 1공수 박희도 여단장 부관한테서 전화가 왔다. 하 장군이

어디 계시냐는 것이었다. 모르겠다고 대답했다. 전화를 끊은지 20분 정도 지났을까. 수경사로부터 전화가 왔다. 방금 하 장군이 쿠데타군에 의해 저격당했는데 생명이 위험하다는 것이었다.

그 순간 전화벨이 울렸다. 하 장군 사모님이었다. "총장님 소식 없어요. 하 장군님은 아무일 없는 거죠" 나는 잠시 머뭇거리다가 "예, 예…"하고는 전화기를 내려놓았다.

쿠데타군은 왜 하 장군을 쏘았을까. 당시 하 장군에게 총을 쏜 사람은 수경사 헌병중대장 한영수 대위(지금은 경찰수 근무하고 있으나 소재는 알 수 없음)로 밝혀졌다. 쿠데타군이 수경사령관실에 있던 육군 수뇌부

장성들의 무장해제를 위해 (대위가 장군을 무장해제하는 것도 위법이다) 사령관실 문을 차고 "손들어"하며 진입하자 하 장군의 오른손이 권총으로 가는 것을 보고 대위가 자기방어 목적으로 총을 쏘았다는 것이다. 한편에서는 순간적 실수로 비롯된 오발사고라고 주장하는 사람도 있다.

그러나 이 사건이 단순 오발사건이 아닐 가능성도 배제할 수 없다.

12월1○일 새벽 3시

40분 나에게 하 장군의 소재를 알려는 박희도 장군 부관의 전화 후 수경사령관실의 하 장군에게도 박 장군이 직접 전화를 했다는 것이다. 이는 하 장군의 위치를 확인하려는 의도가 아닌가 하는 의구심을 갖게 하는 대목이다. 하 장군은 박 장군의 전화를 받은 직후 저격당했기 때문이다.

쿠데타를 일으킬 때 가장 중요한 것이 병력동원이다. 병력은 작전명령에 의해서만 출동가능

김광해씨의 「그날 이후」

김광해씨(51·예비역 중령 〈교통관광저널〉 사장)는 지금은 비교적 자리를 잡은 교통전문지 사장이다. 그러나 김씨 마음의 고향인 군생활이 그에게 준 것은 상처뿐이었다.

12·12쿠데타가 발생하기 전 모범적인 장교였다. 그의 군 이력에는 육군본부 정훈감실 교육참모부 작전참모부 등 육본내 요직 3개부서에 두루 근무한 기록이 그것을 증명한다.

쿠데타 주역들이 정권을 잡은 세상에서 반쿠데타 진영 인물로 꼽히는 하소곤 장군(예비역 소장. 12·12 당시 육본 작전참모부장)의 부관 출신인 그를 받아주는 곳이 없었기 때문.

"그때 일을 생각하면 지금도 눈물이 난다. 존경하던 상관은 총상을 입었고 나는 갈 곳이 없어 이리저리 자리 구걸을 다녔다"

그러나 이런 김씨를 받아준 사람이 있었다. 당시 동경사령관 김상언 장군(83년 작고). 그러던 81년 그가 모시던 김 장군마저 계급정년으로 군을 떠나자 더이상 남의 눈총을 받으며 지낼 수 없다고 판단. 전역을 결심했다.

전역후 그가 가고자 했던 곳은 경찰이었다. 장교 전역자에 한해 특채로 경찰을 뽑는 제도가 있어 이에 응시하기로 한 것. 그때 특채선발 책임자는 박준병 장군(현 민자당 의원)이었다. 그는 박 장군을 찾아가 부탁을 하기로 했다. 박 장군은 이전에 하 장군 덕을 본 적이 있는 터라 하 장군의 천거를

격에서는 제외되는 비운을 맛보았다. 대기업 취직도 해보았지만 그것도 그의 기대에 못미쳤다.

그후 그가 자기 사업으로 시작한 것이 '미니슈퍼'. 이 일을 시작으로 택시기사도 해보고 공사판을 헤매기도 했다.

그러던 그가 90년 들어 시작한 사업이 바로 지금의 〈교통관광저널〉이다. "아직은 크게 성공했다고 할 수 없지만 그럭저럭 자리를 잡아갑니다" 회사일로 하루 24시간이 부족한 지경이라는 김씨. 그런 김씨를 더 바쁘게 하는 일거리가 생겼다. 얼마후 시작될 12·12관련자 고발 소송이 그것.

"전·노 두 전직 대통령을 살인혐의로 고발한 사람은 나뿐입니다" 이 일이 보도되자 여러 곳에서 격려전화, 편지가 몰려왔습니다" 그래서 요즘은 12·12 피해자들의 제보도 받고 당시 사건자료도 구하느라 몸이라도 모자랄 지경이라는 것이다.

김광해씨(51·예비역 중령 〈교통관광저널〉 사장)는 지금은 비교적 자리를 잡은 교통전문지 사장이다.

인사적체 번번이 나빠

전두환 노태우 등 12·12주역 고발 일본 육본 작전참모부장 보좌관

김광해

"전두환을 지지했구나"…생업참모부 계좌…

밤 먹대들기 근이 육본으로…택시 안에서 군대로…

12·12사태 당시 육본 작전참모부장 부관을 지낸 김광해(오른쪽)씨가 19일 오후 대검찰청에 전두환·노태우 전 대통령에 대한 고발장을 접수시키고 있다.
이종찬 기자

12·12때 육본 작전참모부장 부관 김광해씨

전-노씨 내란-살인혐의 고발

79년 12·12사태 당시 육군본부 작전참모부장 부관이었던 김광해(5·1·예비역 중령·월간 「교통저널」 발행인)씨는 19일 12·12사태와 관련해 전두환·노태우 전 대통령을 내란·살인 등 혐의로 대검에 고발했다.

김씨는 이와 함께 이날 서울 서대문구 서소문동 대검 기자실에서 기자회견을 갖고 12·12 당시 자신은 부상을 입었으며 자신의 상관인 육본 작전참모부장 하소곤 소장은 육본에서 수경사로 대피했다가 수경사 헌병대 중대장 한아무개대위가 쏜 총에 가슴을 맞아 사경을 헤매다 전역했다고 주장했다.

● 김씨는 "79년 12월12일 저녁 퇴근했다가 하 소장 운전병의 연락을 받고 육군본부로 나갔다"며 "같은날 밤 9시께 1공수여단 장병들이 총기를 난사하며 정문을 밀고 들어왔고 이 과정에서 육본 벙커 안에서 교전을 하던 사병이 총에 맞아 숨졌으며 나도 육본 2층 창문 옆에 있다가 총탄 파편에 부상을 입었다"고 말했다.

김씨는 이어 "하 소장은 육본에서 수경사로 대피했으나 신군부편에 선 수경사 헌병대 부대상 신아무개 중령의 지시를 받은 한,대위가 하 소장의 왼쪽 가슴에 총을 쏴. 관통상을 입혔다"며 "12·12 당시 육본과 국방부, 수경사에서 신군부쪽 병력에 의해 죽거나 부상당한 인원은 10여명쯤 될 것"이라고 말했다.

12·12 뒤 10개월 동안 보직을 받지 못하다가 동해경비사령부에서 82년 군복을 벗었다는 김씨는 고발장에서 "12·12 쿠데타는 건군사상 최악의 하극상으로 전두환, 노태우씨 등 책임자들은 마땅히 처벌돼야 한다"고 주장했다.

정승화 김영삼대통령에게 전두환 왜조사 않나 묻자 고
발자가 없어 못한다고 해서
김씨가 고발하기로 마음먹고
　김씨 정승화, 하소곤 장군에게 고발 건의 묵살
　아직 할때가 아니라고 —둘다 겁쟁이 김씨목숨걸고 단독고발!

'군사반란' 결론 이끈 숨은 공로자

12·12 증언백서 「고발」 펴낸 김광해

12·12 증언 백서 (고발)을 펴낸 예비역 중령 김광해.

고급장교 출신으로는 최초로 전두환·노태우 두 전직 대통령을 고발, 12·12 사건에 대한 사법처리 요구의 봇물을 트게 한 바 있는 예비역 중령 김광해(52세)가 최근 자신의 12·12 경험담을 비롯한 소견을 담은 저서 〈고발〉(신라원 간)을 내놓아 세인의 이목을 집중시키고 있다.

12·12 '군사반란' 당시 하소곤 당시 육본작전참모부장(갑종 1기; 소장예련)의 보좌관으로 하 장군과 더불어 불운의 군장교생활을 마감해야 했던 그는 지난 93년 5월 전·노 두 전직 대통령을 살인죄 등·반란죄 등으로 고발, 이 사건이 정승화 전 육군 참모총장 등 12·12 당시 육본 수뇌부에 몸담고 있었던 장성들에 의한 고발사건으로 비화되게 한 장본인이다.

그는 또 이 사건이 검찰측에 의해 조사가 진행되는 동안 참고인으로 증언에 임할 수 있는 관계자 소재파악, 참고자료 수집 및 제출을 통해 12·12 사태가 '군사반란'으로 최종 결론내려지기까지 물심양면의 노력을 아끼지 않았던 '숨은 공로자'이기도 하다. 따라서 그의 저서 〈고발〉은 12·12 군사반란의 계획단계에서부터 검찰의 최종수사 결과발표와 뒤이은 헌법재판소의 공소시효 연장선고에 이르기까지의 전 과정을 사건현장에서 직접 겪은 체험을 곁들여 기술했다는 점에서 12·12 진상규명과 관련한 보기 드문 역사사료서의 가치를 지닌다 하겠다.

저자는 자신의 저서에서 당초 자신이 전·노 두 전직대통령을 고발하게 된 경위에 대해 "12·12 군사반란의 직접적인 피해 당사자의 한 사람으로서 자신들의 행위를 합법적이라고 주장하는 피고

진상규명 관련자료·경험담 진술히 기록

12·12쿠데타 진상 70명 생생한 증언

소인들의 허위 사실을 만천하에 밝힘으로써 정의로운 국가건설과 민족정기를 바로잡기 위한 일념에서였다"고 기술하고 있다.

그는 또 "이 땅에서 또다시 군사반란이 일어나서도 안되지만, 재

발한다 하더라도 국민들이 절대로 묵인·용서해서도 안되고 반드시 예방돼야 하기 때문에 국민적 경고로 이 글을 쓴다"고도 언급했다. 더 나아가 군사반란이 우리 사회에 끼친 해악에 대해 "불법주의·한탕주의·적당주의의 만연으로 삼풍사고와 같은 각종 사건을 유발시켰을 뿐만 아니라 국민정서는 물론 국헌·국가까지 위협하는 결과를 낳게 되었다"고 경고하고 이에 대한 국민의 반성을 촉구했다.

그의 저서에는 그밖에도 12·12 반란군에 맞서서 고군분투한 장태완 전 수경사령관(현 재향군인회장)의 분전상과 정승화 전 육참총장에게 유죄관결을 내리게 한 당시 보안사의 혐의 조작내용이 비교적 상세히 서술돼 있다.

현재 정승화 전 육군참모총장의 보좌역을 수행하고 있는 그는 지난 6·27 지방선거 때는 자신의 거주지가 있는 광진구청장에 무소속으로 출마, 12·12에 대한 국민적 각성과 자신의 정치권 입문을 꾀해 지역구민들의 관심을 끌었다.

그는 서울시 무소속 구청장 후보자 중 득표자 비율로 따져 가장 높은 2만6천여표를 얻은 여세를 몰아 오는 15대 총선에서 또 한번 정치권 입문을 노리고 있는 것으로 알려졌다. (갑)

전두환반란수괴 최규하대통령 권총협박폭로
신문 보도기사 사본

한겨레신문

1995년 12월 27일·수요일

감　사

1995年 12月 7日　木曜日 (檀紀 4328年 陰 10月 15日)　(日刊)

朝鮮日報

격　려

5·18 광주시민 학살책임자 처벌 최초합동 고발인이며 고급장교 출신으로 최초, 전두환·노태우를 반란죄, 살인죄로 단독고발한 김광해씨(12·12쿠데타 진상규명위 총무간사)의 「최전대통령 권총협박주장 폭로」는 이시대 참으로 정의롭고 용기있는 국민적 인물로 아낌없는 찬사와 함께 격려의 말씀을 드립니다.

서울 광진구에서 김광해를 지지하는
20,964명의 대표 김용식

◇육본측 장교 조사　6일 오전 12·12쿠데타 진상규명위원회 총무 金光海씨(당시 육본작전참모부 중령)가 피해자 신분으로 검찰 조사를 받고 나온 후 보도진들의 질문에 답하고 있다.　＜鄭漢植기자＞

『全씨, 崔대통령 권총위협』
12·12고발 金光海씨 검찰서 진술
"총리공관 대위가 직접 목격"

이날 참고인으로 검찰조사를 받은 12·12 최초고발인인 金光海씨(3·당시 육본작전참모부 보좌관)는 검찰에서 『당시 崔대통령의 경비를 맡았던 총리공관 거실에서 권총으로 부터 80년대말 「全씨가 총리공관을 점거했던 음모의 실체에 대한 구체적인 사실들을 진술했다.

金씨는 『당시 함수부속 실에서 崔대통령 지시에따라 총리공관을 접거했던 부대에 동해경비사령부로 전환중에 동해경비사령부로 변신한 것으로 안다』고 밝혔다.

全斗煥 前대통령이 12·12 당시 육군참모총장을 강제연행한 뒤 이를 재가받기 위해 崔圭夏 당시 대통령을 위협했다는 주장이 6일 조사 과정에서 다시 제기돼 검찰이이 사에 나섰다.

＜禹炳賢기자＞

"全씨 崔대통령 권총 협박"

김광해씨 "공관접수 참여 장교에 들어"
노재현씨 "鄭총장연행 서명 강요 받았다"

최형규 기자

12·12및 5·18사건을 재수사중인 서울지검 특별수사본부(본부장 李鍾燦 3차장)는 6일 군사반란을 주도한 신군부세력들이 당시 崔圭夏(최규하)대통령과 노재현(盧載鉉)국방장관을 무력으로 위협, 정승화(鄭昇和)계엄사령관 연행을 재가토록 한 혐의를 잡고 이에대한 관련자 조사를 벌이고 있다.

검찰은 또 이들이 5·18이후 무력으로 崔대통령을 위협, 강제 하야토록 한 진술도 관련자 조사를 통해 확보했다.

12·12당시 신군부측의 총격으로 부상한 하소곤(河小坤)육본작전참모부장의 보좌관(중령)이었던 김광해(金光海·52)씨는 『합수부측이 총리공관을 장악했을때 전두환(全斗煥)당시 합수부장이 권총을 휘두르며 崔전대통령을 협박했다』고 진술했다.

이날 검찰에 소환돼 조사를 받은 金씨는 기자들에게 『당시 총리공관 접수작전에 참가한 육사출신의 崔모대위가 총리공관을 점령한뒤 창문을 통해 全합수부장이 崔대통령을 협박하는 장면을 보았다고 털어놓았다』고 말했다. 金씨는 『당시 全합수부장이 崔대통령의 면전에서 권총을 꺼내 휘둘렀으며 崔대통령은 꼼짝도 못하더라고 崔대위가 전했다』고 주장했다.

金씨는 자신이 동해안경비사령부 정훈참모로 근무하던 80년말∼81년초쯤 그 부대로 좌천발령된 崔대위가 찾아와 『참모님도 12·12의 피해자라고 들었다』며 자신이 목격한 장면을 들려주었다고 설명했다.

金씨는 『崔대위는 12·12 당시 합수부측 30경비단 아니면 101경비단 중대장으로 全씨의 경호를 맡았던 인물』이라고 말했다.

이에따라 검찰은 金씨가 진술한 崔모대위를 금명간 소환, 사실을 확인하는 한편 7일에는 全씨에 대한 3차 조사를 벌여 崔대통령을 상대로 한 무력행사 여부를 집중 추궁할 방침이다.

검찰은 이에앞서 4일 소환된 盧전국방장관으로부터 『79년 12월13일 오전 4시10분쯤 보안사령관실로 강제연행돼 全씨등 신군부 핵심인사들로부터 鄭총장 연행결재서에 서명하라는 강요를 받았다』는 진술을 받아냈다.

군 피해당사자로서 최초로 전두환·노태우씨를 반란및 살인죄로 고발한 김광해씨가 6일 참고인 자격으로 검찰조사를 마친 뒤 기자들의 질문에 답하고 있다. 〈김철호 기자〉

제 2 부 세계일보기자 송의섭 작가 저서
『별들의 공화국』 244P에 저술된 김광해사무총장 기사

•고소 고발 첫타자 김광해씨
"한동안 회유•협박 받았죠..."

12•12 쿠데타 당시 피해를 입은 고급장교로는 최초로 지난해 5월 19일 전•노 두 전직 대통령을 살인•내란죄 등으로 고발, 충격을 던저 주었던 김광해(52, 간보 출신, 예비역 중령)씨. 그 후 그의 1년은 눈코뜰새 없이 바쁜 나날의 연속이었다.

그의 고발을 도화선으로 급기야 정승화 전 육참총장을 비롯한 당시 육본 지휘부 장성 22명에 의한 12•12 쿠데타 진상규명 모임이 결성되기에 이르렀고 이들이 12•12 거사 주동자들을 대검에 고소 고발한 이후 이 모임의 총무간사를 맡아 실무를 뒷받침해 왔기 때문이다.

그는 그동안 생계에 도움이 될 겸 교통문제 해결에 일조해야겠다는 생각으로 월간『교통관광저널, 월간택시』등 교통관계 전문잡지를 발행해 왔으나 최근에는 그것마저도 손을 때고 막바지로 접어든 검찰 측 조사에 대비한 활동에 전념하고 있다.

김씨는 1년전인 지난해 5월 전·노 두 전직 대통령을 검찰에 고소한 이후 주변사람들로부터는 격려를, 전·노씨측 사람들로 보이는 쪽으로 부터는 잇따른 협박전화에 시달려야 했다. "고소를 취하하지 않으면 죽여버리겠다!", "얼마 정도면 먹고 살 수 있겠느냐?"는 등 협박과 회유 전화에 시달린 나머지 한때 심한 신경쇠약증세로 고초를 겪었다.

1군사령부 비서실 재직시는 참모장 보좌관과 정승화 전 총장(사령관)을 동시에 직속상관으로 모신 인연도 있었다.

12·12 당일 밤 육본내 장군으로 유일하게 총상을 입고 사경을 헤매다 강제퇴역당한 하 장군과 운명을 같이하지 않으면 안되었던 그는 쿠데타 주역들이 정권을 잡은 세상에서 온갖 불이익을 감내해야 했다. 군 생활중의 찬밥신세는 물론이고 81년 동경사령부 정훈참모를 끝으로 전역한 후에도 자신의 꼬리표 때문에 공공단체 입사가 불가능했다.

결국 공직취업을 포기하고 공사판 막노동과 개인사업을 하는 등 전전긍긍하던 그는 문민정부가 들어선 직후 맨먼저 전·노씨를 고발했다.

제 3 부 19.12.24일 주간 시사IN 정희상 기자
"반란 피해자 아직도 고통받는다"취재 인터뷰에 답변
하는 김광해 사무총장

군사반란 피해자는 아직도 고통받는다

김광해 예비역 중령은 12·12 반란군으로부터 총격을 받고
심각한 부상을 입었다. 당시 가명으로 병원 치료를 받은 탓에
국방부와 보훈처는 그의 피해를 인정하지 않고 있다.

정희상 기자 minju518@sisain.co.kr

트라우마는 40년 세월이 흐른 지금까지 이어지고 있다. 김광해 예비역 중령은 1979년 12·12 쿠데타 당시 반란군 진압 진영이던 하소곤 육군본부 작전참모부장 전속부관(비서실장)을 지냈다. 그는 그날 밤 육군본부를 기습한 반란군(1공수여단)한테 총격을 받고 머리와 얼굴, 복부 등에 심각한 부상을 입었다. 김씨는 현재 서울 강동구 둔촌동 중앙보훈병원 요양원에서 지내고 있다.

1979년 12월12일 저녁 7시 김광해 중령은 퇴근했다가 '총장 유고' 소식을 듣고 육군본부(육본)로 달려갔다. "전두환 보안사령관이 정승화 육군참모총장을 납치하고 쿠데타를 일으켰는데 최규하 대통령이 승인을 거부해서 아직 성공하지 못한 상태라는 보고를 본부 연락장교로부터 받았다." 육본 벙커에는 윤성민 참모차장과 문홍구 합참작전본부장, 하소곤 작전참모부장, 김진기 헌병감, 안종훈 군수참모부장, 천주원 인사참모부장 등 10여 명이 모여 대응책 마련에 부심했다.

육군의 병력 출동과 이동명령 권한은 하소곤 작전참모부장에게 있었다. 하 작전참모부장은 육본 벙커에서 반란군을 진압해야 한다고 주장했다. 수시로 정병주 특전사령관, 장태완 수도경비사령관 등과 통화하며 진압 대책 마련에 분주했다. 하지만 진압 주력 부대인 수도경비사령부와 특전사령부 주요 장교들이 이미 전두환씨를 정점으로 한 사조직 '하나회' 소속이었다.

자정 무렵 육본 벙커에 머물던 장군들은 서울 필동 수도경비사령관실로 이동했다. 이들이 벙커를 떠난 직후 국방부와 육본 정문에서 콩 볶는 듯한 총성이 울렸다. 반란에 가담한 박희도 1공수여단장이 직접 병력을 이끌고 국방부 장관과 육본 참모 장성들을 체포하기 위해 기습했다. "장성들이 필동으로 가면서 나에게 육본을 사수하라는 특명을 내렸다. 병력이라야 장군

김광해 예비역 중령은 "전두환 반란 세력을 응징하고 피해자를 구제해야 한다"라고 말했다.

시사IN 2019.12.24

백만인의 시사주간지 시사IN정희상기자 반란 피해 질문 인터뷰에
답변하는 12.12쿠데타 진상규명위金 光海사무총장겸 현 위원장

보좌관과 병사 40여 명밖에 없었지만 모두 소집해 경계를 강화토록 했다. 자정 무렵 1공수여단이 무차별 난사하며 군용 차량 40여 대로 돌진해 들어왔다. 창문을 열고 내다보는 순간 총알이 쏟아졌다."

김 중령은 피투성이가 된 채 의식을 잃고 쓰러졌다. 국방부와 육본을 무력으로 제압한 1공수여단 병력은 모든 방을 살살이 뒤졌다. 반란 진압군 측 장성들과 사라진 노재현 국방부 장관을 찾아내기 위해서였다. 이날 새벽 반란군은 국방부 건물의 한 방에 숨어 있던 노 국방부 장관을 찾아내 서울 삼청동에 있던 최규하 대통령 앞으로 끌고 갔다. 쿠데타 사후 재가(정승화 총장 연행 승인)를 얻어내기 위한 압박 순서였다. 이로써 전두환 보안사령관이 주도한 12·12 쿠데타는 형식적으로 완벽히 마무리됐다.

총상을 입은 김광해 중령은 육본 당번병에게 업혀 삼각지'근처 한 민가로 옮겨졌다. "병원으로 데려가면 반란군에 발각돼 죽을 것이라고 여겨 민가 문을 두드려 응급조치를 부탁했다고 하더라. 의식이 돌아온 뒤 새벽에 택시를 타고 집 근처 병원을 찾아갔다." 병원에서는 군복을 입고 피투성이가 된 환자의 입원을 내켜하지 않았다. 김 중령은 신원 확인을 거부했다. "내가 모시던 하소곤 작전참모부장이 반란군 총격을 받고 생사 불명 상태라는 소식을 들었다. 나도 발견되면 즉시 죽임을 당할 것이라는 생각이 들었다. 의사들이 출근해 대책회의를 연 뒤에야 어렵게 가명으로 입원 수술을 받을 수 있었다."

며칠 후 병원 치료를 마친 김 중령은 육군본부로 나갔다. 쿠데타에 성공한 전두환 세력은 그의 보직을 박탈한 뒤 무기한 대기 발령을 내렸다. 알아서 나가라는 사인이었다. 김 중령은 부상당한 몸으로 하소곤 장군을 병간호하며 수모를 견뎠다. 12·12 쿠데타 당시 하소곤 작전참모부장도 총상을 입었다. 총알은 심장 아래를 관통했다. 하 작전참모부장은 세브란스병원에서 수술을 받았다. 보직이 없던 김 중령은 틈틈이 병원으로 가서 하 장군을 간병

했다. "나중에 1공수여단 소속 장교가 내게 12·12 쿠데타 관련 비밀문서 하나를 몰래 넘겨줬다. 전두환이 반란을 일으키면서 사전에 제압할 사람을 다 정했더라. 하소곤 작전참모부장, 장태완 수도경비사령관, 정병주 특전사령관 등을 체포하고 저항하면 사살해도 좋다는 명령을 내린 내용이 담겨 있었다."

보직이 없던 그는 담당 사병으로부터 전역장 하나 달랑 받고 20여 년 봉직해온 군을 떠났다. 이후 구멍가게와 공사장 인부 등 안 해본 일이 없이 전두환 정권 시기를 보냈다.

그 와중에도 전두환·노태우 등 군사 반란 주모자들을 단죄하는 일을 필생의 업으로 삼고 차근차근 준비하기 시작했다. 1987년 6월 민주항쟁으로 전두환 독재체제가 균열 조짐을 보이자 그는 정승화 전 참모총장을 찾아갔다. 이후 10년간 정승화 전 참모총장 비서로서 12·12 쿠데타 진상규명과 명예회복 작업을 벌였다.

1993년 군사반란 세력 고소

김씨는 1993년 5월19일 전두환·노태우씨를 내란죄, 살인죄 혐의 등으로 형사 고소했다. "1993년 초 김영삼 신임 대통령이 정승화 총장을 불러 칼국수 만찬을 할 때 내가 모시고 들어갔다. 김 대통령이 '국민들이면 12·12 쿠데타 조사를 한 아우성인데'라고 하더라. 그때 고소를 결심했다." 김씨 고소 이후 쿠데타 세력은 협박으로 대응했다. "처음에는 30억원을 줄 테니 소송을 취하해달라고 회유하더니, 안 된다고 버텼더니 가족을 언급하며 협박도 했다."

2개월 뒤인 1993년 7월19일 정승화·장태완 소장씨 등 장성 22명이 전두환·노태우 등 군사반란 세력을 고소했다. 정식 고소인 모임 이름은 '12·12군사반란진상규명위원회'였다. 내부적으로는 일목회라 불렀다. 김광해씨가 간사를 맡았다. 전두환 반란 세력 측의 움직임에 대응하는 정보수집과 검찰 조사계획 등을 입수하여 최대

한 진실 조사가 이뤄지도록 돕는 일이 그의 몫이었다. "당시 서울지검 공안1부(장윤석 부장검사)가 조사를 맡았다. 검찰 수사를 돕기 위해 자료도 100건 이상 제출했다. 1995년 7월 당시 검찰은 성공한 쿠데타는 처벌할 수 없다며 불기소 처분했다."

1995년 12월, 5·18민주화운동 등에 관한 특별법이 제정되었다. 앞서 그해 10월 박계동 의원이 노태우 비자금을 폭로하면서 전두환·노태우씨 등에 대한 검찰 수사가 본격화되었다. 특별법 제정 이후 12·12 쿠데타까지 포함한 검찰의 전방위 수사가 이어졌다. 검찰은 1996년 1월 전두환·노태우를 내란죄 및 반란죄 혐의로 기소했다. 대법원은 1997년 4월 12·12 쿠데타를 군사반란으로 규정하고 전두환에게는 무기징역을, 노태우에게는 징역 17년 형을 선고했다. 반란 세력의 단죄가 이뤄지는 사이 김광해씨는 12·12 쿠데타 총상 후유증 등이 겹쳐 뇌경색이 발병했다. 그는 왼쪽 손발을 쓰지 못한다.

김씨는 아직도 할 말이 많다. "12·12 쿠데타에 대한 대법원 확정판결이 났으면 국회가 피해자 명예회복이나 피해보상을 하는 입법을 즉각 발의했어야 한다." 김씨가 파악하기로는 12·12 쿠데타로 강제 예편당한 장성이 꽤 된다. 하지만 그에 따르면 국방부와 보훈처는 아직까지 이들의 피해에 대해 정식으로 인정하기를 주저하고 있다. "보훈처는 12·12 쿠데타 그날 밤 내 입원 확인서를 갖고 오라는 게 어디 있겠나. 당시 가명으로 입원했는데. 그 경위와 목격자, 병원 관계자 진술을 자세히 써서 냈는데도 피해자로 인정을 안 해주더라. 그나마 민주화운동기념사업회에서 민주화 유공자로 인정해준 게 명예요 혜택이라면 혜택이다."

김씨는 마지막으로 이렇게 말했다. "전두환 반란 세력을 확실하게 응징하고 지금이라도 군사반란 피해자들을 정식으로 구제해야 한다. 이 문제를 정의롭게 해결하지 않으면 반란이 또다시 일어나더라도 막을 방법이 없다는 교훈을 줄 테고, 반란을 막기 위해서 나설 사람이 없을 것이다." ⑩

164 그들 피로 물든 샴페인을 먹고 엄청 탈났다

제 4 부 월간 시사정경 94년 10월호
김광해 총재 인터뷰 기사

■ 인터뷰

12.12 쿠테타
진상규명회 간사
김 광 해

"법 앞에서는
전직 대통령도
평등 합니다"

〈민오준 본지기자〉

별들의 전쟁에서 최후의 승리자는 누구일까. 79년 12월12일 패배한
정승화 참모장을 비롯한 육본측에서 15년이 지난 94년 들어 명예회복을
노리며 새롭게 전쟁선포를 했다. 전두환. 노태우 대통령을 비롯한
신군부세력도 그냥은 물러서지 않을 것 같다. 15년전과 달라진 것은 전쟁터가
육본, 보안사 벙커가 아니라 법정이라는 점. 12·12 진상규명회
김광해 간사를 만나 어떻게 돌아가고 있는지 들어보았다.

저녁의 평온함이 한남동 언덕배기의 장관 공관촌에로 찾아들었다. 종일 재잘거리던 새들도 자신들의 둥지로 돌아가고 엷게 드리운 저녁노을도 평소보다 탁탁한 어둠속에 묻혀갔다.

그 때 소총의 강력한 연발음이 초저녁의 안온함을 산산조각 내면서 공관촌을 온통 뒤흔들어 놓았다.

전두환의 명을 받은 우정윤, 허삼수 두 대령에 의해 군(軍)의 최고 지휘관인 정승화 계엄사령관이 연행되는 순간이자, 역사의 수레바퀴를 갈 지자로 만든 총소리였다. 그날은 1979년 12월 12일.

그로부터 15년이 지난 94년 9월 현재 12·12 쿠데타는 법정의 심판대 위에 올라 있으며 공소시효에 의해 올해 안에 어떻게든 결판을 내야 될 처지에 놓여 있다.

역사가들에 의해 이미 하극상에 의한 쿠데타로 판정이 나 있는 상태지만 사법적으로 어떻게 될지는 아무도 예측하지 못하고 있다. 그것은 12·12 주도세력이 두 명의 대통령을 배출하는 등 온갖 부귀영화를 누려왔고 아직도 상당한 힘을 유지하고 있기 때문이다.

최근에는 12·12 주도세력이 오히려 피해자들을 무고와 내란 및 반란죄로 맞고소하는 등 12·12의 당당함을 거리낌 없이 주장하는 귀염까지 토하고 있는 실정이다.

12·12 당일 밤 육본 내 장군으로 유일하게 총상을 입고 사경을 헤매다 강제퇴역당한 하소곤 당시 육본 작전참모부장 보좌관으로 운명을 함께 했던 김광해 당시 중령은 지난해 5월 19일 고급장교로는 최초로 전·노 두 전직대통령을 살인, 내란죄 등으로 고발했고 이후 구성된 12·12 쿠데타 진상규명회 간사를 맡아 법정에 오른 12·12 쿠데타 문제를 도맡아서 밤낮으로 뛰어다니고 있다.

고소와 맞고소가 12·12일 밤 양측의 주고 받았던 총격전 만큼이나 요란하고, 사법적 판단이 임박한 시점에서 12·12 진상규명 모임은 무슨 생각을 하고 있으며 어떻게 대응해 나갈 계획인지 9월 13일 오후 그를 만나 이야기를 나눴다.

내란은 무죄 반란은 유죄

-검찰의 수사가 마무리 되어가고 있는 상황입니다. 어떻게 예상하고 계십니까?

"검찰수사의 핵심사항은 총장 연행 계획수립 시기, 총장공관 무력충돌 경위, 최규하 전 대통령의 계엄사령관 연행 재가과정, 선제 병력 동원상태입니다. 검찰에서는 내란혐의는 무혐의 처리하고 군반란 행위는 유죄를 인정할 것으로 보고 있습니다."

김 간사가 파악한 바에 따르면 내란혐의에 대해서는 최규하 대통령을 총기로 협박한 적이 없으며, 최 대통령이 상당기간 재임 후 퇴임했다는 근거를 들고 있다고 한다.

또 군 반란행위에 대해서는 이학봉(당시 보안사 대공처장) 씨가 검찰수사에서 "일주일 전에 계획했다"는 발언을 했고 총리공관 총격도 합수부 병력이 일방적으로 난사한 것으로 검찰은 판단하고 있다는 것이다.

-검찰의 내란죄 무혐의 처리방침이 사실이라면 인정할 수 있습니까?

"당시 합수부측의 반란행위는 궁극적으로 정권을 장악할 목적이 있었고 단순히 총기휴대 여부로 협박이냐 아니냐를 따질 수는 없다고 봅니다. 최 대통령이 상당기간 재임했다고 했지만 5·18 등 쿠데타측의 정권상악 프로젝트에 의해 치밀하게 진행되었기 때문이며, 결국에는 최 대통령을 국정운영에서 완전히 소외시켜 스스로

좌로부터 정승화 전육참총장, 장태완 전수경사령관, 김광해 진상규명회 간사

는데요.

"역사에 맡길 수는 도저히 없는 사안이지요. 현실적으로 분명히 불법으로 판명이 났고 확인이 되었는데 어떻게 역사에 맡길 수 있습니까. 역사는 범죄자들의 도피처가 결코 아닙니다."

—김 대통령은 6공의 힘을 등에 업고 대통령에 올랐습니다. 알다시피 6공의 실세들은 12·12 쿠테타와 밀접한 관계를 맺고 있는 자들입니다. 이점은 분명히 김 대통령의 한계이고 12·12 쿠테타 주모세력에 대한 처리의 한계로 이어질 것 같습니다.

"일리가 있어요. 김 대통령이 그렇게 해서라도 대통령이 되고자 했던 이유가 무엇입니까. 잘못된 역사를 바로 잡는 것이야말로 대통령이 사는 길입니다. 제 2의 개혁차원에서 12·12의 명확한 진상규명과 사법적 처리가 이루어져야 합니다."

김 간사의 김 대통령에 대한 평가는 조금은 혹독하다. 김 대통령이 초반에 부르짖던 개혁은 원점으로 돌아왔고 대통령의 권위가 실추되어 있다고 평한다.

그래서 김 대통령은 원상회복을 꾀해야 하며, 군사반란자들에 대한 처벌이 우선되어야 한다고 주장했다.

정권퇴진 운동도 불사

—장세동씨의 움직임으로 양측의 사전조율이 있었다는 소리도 들리는데요.

"전혀 근거없는 소리입니다."

—검찰발표가 진상규명모임측의 의도와 차이가 난다면 어떻게 하실 계획입니까?

"그래서는 안되겠습니다만 만

퇴진하게 만든 것입니다. 이것이 내란이 아니면 무엇이 내란입니까? 검찰이 반란혐의를 인정하면서 내란혐의를 인정하지 않는다면 아마도 정치적 배려 때문일 것입니다."

'역사는 범죄자들의 도피처가 아니다'

—반란죄만으로도 중형이 가능한데 전직대통령과 아직도 정치적 지위를 확보하고 있는 사람들에 대한 사법적 처리가 가능하겠습니까?

"검찰은 선별적으로 기소와 기소유예를 결정할 것 같습니다. 전직대통령에 대해서는 기소유예로 마무리 지을 가능성이 많습니다. 이 부분에서 제가 하고싶은 말은 전직대통령도 법 앞에서 평등해야 한다는 것이며, 전직대통령도 위법을 하면 처벌의 대상이 되어야 제3의 쿠테타도 예방할 수 있는 것입니다."

—사법적 처리는 김 대통령의 '역사적 평가에 맡기자'는 생각과 상반되

약에 기소가 되지 않을 경우에 대비해서 대책을 준비하고 있습니다. 소극적 방법으로는 기자회견을 통해서 대 국민성명서 등을 발표하고, 적극적 방법으로는 5·18 관련단체, 삼청교육대 피해자협의회 등 신군부에 의해 피해를 당한 단체들과 연대해서 대대적인 국민궐기대회 등을 여는 방안도 고려하고 있습니다."

김 간사는 2주에 한번씩 모이는 12·12진상규명회에서 정확한 진상규명과 사법처리가 안되면 "정권퇴진운동이라도 벌리자"라는 강경론도 제기되고 있다며 고소인들이 강력한 의지를 갖고 있다고 말했다.

신군부는 '군대 패륜아'

—7·28일 차규헌씨의 맞고소를 시작으로 지금까지 6회에 걸쳐 무고죄 및 내란 및 반란죄로 맞고소가 들어와 있는데요.

"적반하장입니다. 보수회귀 분위기에 편승하여 현 정권과 12·12 쿠테타 진상규명 고소인에 대한 압력, 그리고 맞불작전으로 화해 또는 고소취하를 얻어보려는 어리석은 행위입니다."

—전·노 측에서 상당한 분량의 반박자료를 준비하고 있다는 소리도 들리는데요.

"이제 12·12에 대해서 더 나올 게 없어요. 만약에 새로운 사실이 있다면 조작된 것이 분명합니다."

—허화평 씨 등은 12·12의 원인을 정 총장에게 있다고 보는데요, 예를 들어 정 총장이 김재규가 범인인지 알면서도 보호하려고 했다든가, 또는 범인으로 확인된 김재규를 잘 모시라

고 했다는 소리도 있고….

"일고의 가치도 없는 거짓말이지요. 잘 모시라고 한 적은 절대 없습니다. 육본 벙커에서 김계원이 정 총장에게 김재규가 범인이라고 보고해서 즉시 헌병감에게 체포하라고 명령했습니다."

—허삼수 의원은 내란방조 혐의자의 방해세력의 연행은 정당한 법집행이라며, 앞으로도 그런 일이 있으면 똑같은 방법으로 일을 처리할거라고 했는데요.

"전 국민이 아는 사실인데 모 월간지에서 그런 국사범의 언행도단을 정당하다는 듯이 보도하는 언론풍토는 빨리 사라져야 합니다."

—허화평 의원은 모 월간지와의 인터뷰에서 혐의자인 정 총장을 연행한 게 하극상이라는 것은 이해가 안된다며 수사를 맡은 입장에서 혐의가 드러난 사람을 조사 안한다는 게 말이되느냐며 하극상이라는 견해는 잘못 됐다고 했는데요.

"그럼 대통령이 혐의가 있으면 대통령도 체포합니까? 군은 사회와 다릅니다. 상관의 말이 곧 법입니다. 합수부는 계엄사령부의 일부처에 지나지 않습니다. 군대에서 부하가 상관에게 총을 들이대는 것은 '군대패륜아'라고 할 수 있습니다."

우발인가 사전계획인가

—신군부측에서는 12·12는 정 총장을 수사하는 과정에서 우발적으로 발생한 충돌일 뿐이라며 사전계획설을 부정하고 있습니다.

"앞에서도 언급했지만 이학봉 씨가 검찰조사에서 '일주일 전에 계획했다'고 실토했고 당시에는

대통령 유고로 계엄 하에서 비상경계가 펼쳐지고 있는 상황인데 30단에 일선 지휘관들이 그것도 전방부대의 사단장까지 왜 모였습니까? 또 중무장한 군인을 보내 상관에게 총격을 가하면서 군 내부의 최고 책임자를 납치하는 반란행위를 계획 없이 했다면 삼척동자도 웃을 일입니다."

—맞고소에 대한 대응태도가 미흡하다는 지적도 있는데요.

"사실 5백만 향군들이 강력하게 대응해 나가자는 소리가 많습니다. 서울시나 전라지역의 회장들은 '국민궐기대회'라도 열자고 합니다. 그러나 검찰발표가 얼마 남지 않았기 때문에 검찰발표가 끝난뒤 그 결과에 따라 대응책을 찾을 것입니다."

개혁은 12·12 세력의 단죄로 가능

김 간사는 비교적 검찰조사를 신뢰하고 있다. 참고인 조사만 80명 가량 했을 정도로 검찰이 비교적 세심하게 조사하고 있는 것으로 평가한다.

그리고 어느 정도는 검찰을 믿고 있다. 이미 김 대통령에 의해서도 '쿠테타적 사건'으로 성격규정된 바 있고 대부분의 국민들도 12·12가 쿠데타라고 사고하기 때문에 검찰이 쉽사리 기소유예처분을 내리기는 어렵다는 이유이다.

김 간사는 "문민정부의 개혁은 12·12쿠테타 세력의 엄정한 단죄만으로 가능하고 정의로운 시대의 도래를 위해서도 용기있는 검사, 판사의 출현과 역사와 국민에 부끄럽지 않은 조사와 판결이 요구된다"고 역설했다. 釜山

포스트모던

이·천·년/계·간/P·O·S·T·M·O·D·E·R·N/문·화·예·술·지

|가|을|호|

2000년 8월 20일
제10권 제16호 가을호
1991년 6월 21일 등록 바 1571

표지모델
국악인·시인 박 윤 초

포스트모던칼럼 / 유 자 효
돈담겸론록 / 김 종 천

화보
시인의 표정 / 이 일 향
포스트모던 청정에세이 / 김 기 동

기획연재
민족물시   양 준 호
옴니버스칼럼   유 걸 호
화첩에세이   우 희 춘

특별기고 김준우 / 장근덕 / 신희숙

한국 시단의 푸른 깃발
원다교 허은화 이혜랑 최영진
김봉년 김광해 최선남 마주효

수필문학의 새 지평
윤난용 / 필영희 / 김향동

지방문학 순례 강 동 문 학

1998년
월 23일
월요일

시사환경정책신문

JUNG CHAEK SINMUN

93년 전두환·노태우를 최초로 고발한 김광해씨로부터 듣는 12·12

쿠데타 재심판해야

새정부 화합보다 是非 가리는게 우선

○··· 전두환·노태우 두 전직 대통령이 최근 사면되었다. 정권찬탈로 권력을 잡고 최고의 영예를 ···○
○··· 누리다 문민정부가 들어서면서 내란·살인죄로 구속되었던 두 전직 대통령이 대화합이라는 명 ···○
○··· 목으로 국민의 동의도 얻지않은 채 풀려난 것이다. 당연히 이 과정에서 국민의 의견을 수렴하는 ···○
○··· 기회는 주어지지 않았고 존엄해야 할 법의 정신은 다시 한번 짓밟혔다. 하긴 권력의 횡포아래 ···○
○··· 우리의 헌법정신이 무시된게 이번 뿐이겠는가. 아뭏든 12·12쿠데타로 군반란을 주도하여 정권 ···○
○··· 을 찬탈하고 5·18항쟁 당시 수천명의 무고한 양민을 학살한 전두환 노태우는 지금까지 전혀 ···○
○··· 반성의 기미를 보이지 않고 오히려 당당하게 권력의 비호아래 마치 거대한 공룡처럼 버티고 있 ···○
○··· 는 것이다. 본지는 이에 두 전직 대통령이 최고 통수권자로 부상하게 되는 12·12사태를 재조명 ···○
○··· 하고자 당시 정승화 육군참모총장의 보좌관 김광해(바른사회만들기 중앙본부 상임대표)씨를 찾 ···○
○··· 아 그의 의견을 들었다. 〈편집자 주〉

12·12사태이후 5·18 광주민주항쟁당시 중무장한 진압군들의 모습.

김 광 해

● 경기도 여주 출생
● 육군중령(정훈장교)전역
● 경기대 행정학과 졸업
● 건국대 문예창작과정 수료
● 월간 교통저널 발행인
● 바른사회 만들기 운동본부총재(현)시민운동가
● 저서 : 고발, 군사반란과 재판 외

김 광 해

당선 소감

인생무상이라고 했던가

나는 한해 한해 나이를 먹을때마다 새롭게 느껴지는 것이 하나씩 있다.
그것은 지금까지 내가 살아오면서 이룩한 것이 무엇인지, 보람된 삶을
살았는지 후회없는 삶을 살았는지. 남은 인생을 어떻게 살것인지_ 나는
이런 생각을 할 때마다 작은 나의 우주를 무상케 만든다. 더욱이 우리
들의 삶이 날이 갈수록 험악해져 남을 속이는 거짓과 위선이 판을 치고
있어 정의와 정직을 덕목으로 사는 나에겐 환멸만이 가득한 현실앞에
면목없는 후손에 대한 책임감 때문에 고개 떨구고 부끄럽게 삶을 영유
하고 있다.

나는 그런 시름을 털어보려는 본능적 발상인지는 몰라도 꿈속에서 또
는 일상 생활속에서 불현 듯 떠오르는 「고향,사랑,삶,인생,친우,그리움,군
생활」등이 사무치게 생각나는 가슴조이는 뭉클한 충동을 느낄 때, 갑자
기 애틋한 그리움의 충격과 시상에 눈물 흘릴 때 쓴글이 어느새 100여
편이 모아졌으나 차마 어디 내 놓을 수 없는 졸작이라고 생각되어 책상
깊숙이 숨겨만 놓았던 것을 문예창작과 동문의 추천으로 출품한 것이
당선되었다는 소식에 기쁨에 앞서 오히려 부끄러운 마음이 들었다.

나는 이번 신인상 당선을 계기로 더 좋은 시도 쓰고 모든 사람들이 정
겹게 감상할 수 있는 시집도 내고 싶다.

심사하신 선생님께 심심한 감사의 말씀을 드린다.

옛날 친구

눈감으면 아련히 떠오르는
어릴적 친구 창순이
눈뜨면 멀리서
달려오는 듯
너는 지금 어디서 무엇을 하니

학교갈때 너와나는
두어깨를 나란히
십리길도 멀다않고
걷고 뛰고 달렸지

학교종이 울릴때면
우리마음 조리면서
힛죽 멋적게 웃었지

죽마고우 친구야
소리질러 불러봐도 대답이 없구나
너는 지금 어디서
무엇을 하니
애타게 부르다가
울어버린 나
아! 아!
그립구나 옛날 친구여

사랑

그대와 나와의 사랑은
별빛같이 찬란한 사랑입니다

우리의 사랑은
어두운 밤을 밝혀주는 달빛같은
사랑입니다

우리의 사랑은
용광로의 쇳물과도 같은
뜨거운 사랑입니다

우리의 사랑은
갈대와 같은 인생이라지만
영원히 변치 않는 사랑입니다.

우리의 사랑은
이 세상을 다 준다 하여도
바꿀 수 없는 사랑입니다.

우리의 사랑은
이 세상 종말이 온다 하여도
그대를 사랑하다 죽을 사랑입니다.

내일을 위하여

인걸은 많으나 변화는 없구나
부자는 없고 졸부가 판을 친다
부끄러운 세상 어찌 살꼬

진리와 섭리를 외면하지 않고
윤리와 도덕을 배척하지 않는
준법과 질서를 언제면 지킬꼬

전라도 충청도 경상도가 하나되고
이남과 이북이 하나되는
그날이 언제쯤이면 이 땅에 올꼬

열심히 일하여 보람을 찾고
이웃끼리 믿고 사는 아름다운 사회가
언제쯤이면 이 땅에 올꼬

역사는 흐르고 있다
역사는 증언하고 있다
후손에게 부끄럽지 않은
내일을 위하여…

교통관광저널

1994·2월호

- 1994년 2월 1일 발행·통권 제34호
- 등록일 1990년 3월 23일
- 등록번호 라4549

회　　장 : 강세욱
대표이사 : 김정식
회　　장 : 김광해
발 행 인 : 김광해
편 집 인 : 김광해
전무이사 : 김치설
편집국장 : 권규태
기획실장 : 박윤선
기　　자 : 차성해
　　　　　정영신
　　　　　김봉한
사진기자 : 김동남
　　　　　박복남
편　　집 : 김정진
해외주재기자
미국워싱턴지사 : 박노욱
독 일 본 지 사 : 이신자
일본동경지사 : 김욱희

영업부장 : 박창하

전산사식 : 청송기획
인　　쇄 : 신진문화사

발 행 소 : 교통관광저널사
　우편번호 : 100 - 120
　서울시 중구 정동22 경향신문사 3층
　대표전화 : 7332 - 435
　FAX : 7332 - 438
　정　가 : 3,000원

- 월간 교통관광 저널에 게재된
  사진·기사의 무단복제를 금합니다.
- 본지는 한국간행물윤리위원회의 윤리강령
  및 실천요강을 준수합니다.

표지설명

'94 한국방문의 해
성공다짐대회

한국관광협회는 지난 1월 6일
서울 르네상스호텔 다이아몬드
볼룸에서 관광사업체 대표 및
관광업계 인사 8백여명이 참석한
가운데 신년 인사회를 겸한 '94
한국방문의 해 성공다짐대회를
개최했다.
이날 행사에는 오명 교통부장관을
비롯해 지연태 관광공사 사장,
장철희 관광협회 회장, 양창규
국회교체 위원장이 참석했으며,
특히 오명 교통부장관은 연설을
통해 "관광부문의 행정규제완화를
강력히 추진하겠다는 다짐"과
함께 "관광사업 경영자와
종사원이 혼연일체가 되어 94
한국방문의 해 사업을 성공적으로
이끌어 줄 것"을 호소했다.

글 / 차성해 기자
사진 / 박복남 기자

주차단속에 문제 있다

발행인 김광혜

우리나라의 자동차 증가대수는 매년 20-30%라고 한다. 최근 자동차를 구입하는 사람들이 생활형편이 나아져서 차를 구입한다면 이해가 되지만 월세방 살이를 하면서도 차를 산다는 것은 이해가 안 된다.

이들은 이구동성으로 봉급생활을 해서는 하늘같이 높이 뛰어오르는 집사기는 내 생전에 틀렸으니 우선 사는데까지는 즐겁게 살기위해 자동차를 산다는 것이다. 이같은 현상은 우리나라의 주택정책이나 국민의식에 무언가 문제가 있다는 느낌이다.

우리 주위에는 언제부터인지 자ㅏ를 사는 바람이 불어와 너도나ㅡ 차를 사게되니 도로율에 비하여 차량이 너무 많아 소통은 잘 안되고 자동차천국 소리를 들을 지경이 되었다.

서울이나 지방이나 어데를 가도 자동차의 홍수로 인하여 통행에 불편은 물론 주차공간까지 좁아져 간선도로와 자동차 전용도로 와우슥 단까지 심지어 인도에까지 주차를 하게 되었다. 당국은 이러다가는 도로가 막히지 않는다고 장담할 수 없게 되자 교통질서를 바로 잡는 차원에서 대대적 주차단속을 하고 있다.

그런데 이 주차단속에 적지않은 문제점이 표출되어 시민들의 원성이 이곳저곳에서 터져나왔다. 즉 융통성없는 마구잡이 주차단속을 한다는 것이다. 구청, 동직원까지 동원된 주차단속에 직원 1명당 10건 이상을 적발하라는 건수위주의 적발을 하고 있다니 여기에 문제가 있다는 것이다.

현재 서울과 같이 주차장이 절대 부족한 상태에서는 융통성 있는 주차단속이 필요하다. 또한 사람이나 차량통행에 지장을주지않는 공간에 주차를 시킨 것은 주차위반으로 단속을 해서는 안된다는 것이다.

가뜩이나 주차장 시설이 부족한 상태에서 또 인근에 아예 주차장이 없는 지역에서 교통에 지장을 전혀 주지않는 곳에 주차를 시킨 것도 주차위반이라고 견인해간다면 서울시의 주차단속은 상사속이 아니겠느냐는 얘기가 된다.

요즘 시내 유료주차장은 때아닌 호황이다. 30분 주차에 5백원 하던 것이 100-200% 오른 천원 또는 2천을 받고 있다. 이제는 주차장 만원으로 절대 주차사절이라는 해괴한 간판도 생겼다.

그래서 운전자들은 주차할 곳을 찾아 시내를 빙빙 돌고 있으니 연료낭비, 시간낭비, 국력소모가 아닐 수 없다.

일본의 주차단속은 우리와 같은 단속을 하지 않는다. 일본의 주차단속은 사람이나 차량통행에 지장이 없는 곳에서는 단속을 하지 않는다. 간선도로는 물론이고 자동차 전용도로변까지도 차량통행에 지장이 없다면 주차를 할 수 있다. 대부분의 간선도로 양쪽에는 어김없이 주차를 하고 있다.

독일의 주차는 공간을 최대한 활용하고 있다. 차도와 인도의 경계선을 중앙으로 하여 차폭의 반은 인도에, 차폭의 반은 차도에 걸쳐 주차하고 있다. 공간을 아주 잘 이용한 주차방법이다.

우리나라 같으면 인도에 차가 올라와 있다고 단번에 주차위반으로 벌칙금을 물어야 할 것이다.

즉 통행에 지장을 주지 않는다면 어데든지 주차를 할 수 있다. 또한 시민들도 통행에 지장을 주는 곳에는 주차를 하지 않는다.

우리나라 주차단속은 기준이 없다. 융통성이 없다. 융통성없는 구청철거반 때문에 자살한 어느 부인이 생각난다. 차량통행에 방해도 없는 공간에 주차를 하는데 견인이란 말도 안된다. 더욱이 주차장도 없는 지역에서 차량통행에 방해되지 않는 공간에 주차한 것을 단속하고 견인한다는 것은 시민의 원성만 살 뿐이다.

제 5 부 인터넷 네이버 필자 인물사 보도 내용

중령 김광해: 네이버 블로그 인물사 14, 12, 10

뻘글 집합소

중령 김광해(1943~)

인터넷 네이버 뻘글 집합소 "인물사" 사진 취재

단기사관 1기로 임관한 이후 1979년 육본 작전참모부장 하소
곤 소장 비서실장으로 재직 중 쿠데타가 터지자 직무 수행 중
수경사 헌병 부단장 신윤희 중령과 1 공수여단 박희도 여단장
의 반란군 병력의 종에 총상을 입고 이후 강제 전역.

이후에는 예편된 정승화 전 계엄사령관 겸 육군참모총장(예비역 대장)의 비서를 지냈으며 전두환·노태우를 12·12 반란 혐의로 국민최초 살인죄, 반란죄 등으로 고발단죄하였다.

(년도다시 작성요망)년 굴절된 민족정기와 역사 바로 세우기 운동본부 (창립자 : 정승화 장군, 사무총장: 김광해 총재)를 창립 상임대표 총재로 민주화 시민 사회 운동가로 활발히 활동 중이다.

제1장
민주화 운동자에게 예우 *必要詩* (필요시)

결론적으로 민주화 운동자로 인정된 국민은 독재정권과 목숨걸고 *鬪爭*(투쟁)하신 분이다.

우리나라 민주화운동의 원조는 자유당 이승만 정권에 맞서 민주주의를 거부하는 정권에 반대하여 학생이 주동이 되어 국민 모두가 일심동체 합심하여 독재경권 타도와 통치자 하야를 강력 요구하여 퇴진시킨 것이 이승만 정권이고 민주화 진행이 순조롭게 진행되어 반란을 일으키지 않아도될 평온한 시기에 정권욕에 사로잡혀 반란을 일으킨 5,6권 정권 전두환 노태우 정권에 항거한 민주화 운동이 우리나라 가장 크게 일어난 것이 었다.

이 5공 정권에 항거 각계 각층 인사가 여러 형태의 독재 저항운동에 목숨 걸고 전국적으로 크게 일어난 민주화운동이 1987년의 6,10항쟁 등 민주화 운동이다.

이 민주화 운동에는 귀중한 생명과 목숨을 걸고 투쟁 하였으나 이들 민주화 운동자에 대한 예우, 국가유공자 지정이나 인정은 하지 않고 있다.

정부는 차제에 이들 민주화 운동 인정자중 매년 민주화운동 기념 사업회 주관으로 모범 유공자를 선별 포상 제도를 실시 할 것을 강력 주장한다.

이런 실행이 실천되어야 민주화 운동이 완성 되었다고 할 수 있다.

제 6 부 필자 10-40년 사용 명함

㈜ 대우그룹 대창기업 총무부장, 광일통운 상무, 전무이사, 월간택
시사 사장, 바른사회만들기 운동본부 총재, 청풍명월 철학관 관장 등

部長 / 総務部

金　光　海
INTERNET 밝은세상 NEWS

大昌企業株式會社 (綜合建設)
서울 · 中区南大門路 5街 541 (大宇빌딩)
電話 : 7 7 7 - 5 2 9 1 ~ 7番
　　　 7 7 6 - 0 7 5 3 ~ 4番

韓國運送情報技術研究院
月刊택시社

社長　金　光　海

　直通　299 - 0 3 7 3
　　　　299 - 0 1 4 7 ~ 8
　　　　297 - 0 3 7 1
FAX　299 - 0 3 7 3
자동전화 011 - 251 - 6946

제 7 부 인터넷 DCINSIDE.COM 갤러리

dcinside.com 갤러리

| 갤러리 ✦ | m.갤러리 | 갤로그 | DNA | 이벤트 | 디시위 |

이전 정치, 사회 갤러리

개념글(초개념갤)　갤러리 검색　즐겨찾기　연관 갤러리(5/4)　갤러리

최근 방문 갤러리　　　이전 정치, 사회

제목 : 아래 내용은 "1 2 . 1 2軍 叛亂槪要" 를 인터넷 "다음"에
記述 報道한것임 (재심 신청안金 光海의 당시重傷 입증資料됨 .)
(他 인터넷 "야후" 등에도 동일한 類似 내용으로 報道함 .)

1. 12.12/5.16의 배경원인과 과정 공통점 및 차이점 둘다 군사쿠데
12.12 군사쿠데타의 경우 결국 군내부의 권력다툼이 원인인데... 이
쿠데타의 병력동원 12.12 군사쿠데타의 경우 당시 청와대 앞 경복
관이 모두 모여 반란을 시작한 것입니다. 당시 전두환 장군을 위시
력은 특전사령부 예하 1공수여단과 3공수여단, 9사단 30연대와 1
부 국방부 장악, 3공수여단은 특전사령부의 점령 및 사령관 체포, 9
대 진주 예비임무 수행 등이었습니다. 그러나 육군본부의 경우 동원
로 들어오다가 다시 돌아가라는 철군명령으로 돌아가버려 병력 동
등등 1)쿠데타 군부 세력 전두환- 육사 11기 소장 보안사령관(반란
단 병력 불법동원) 유학성-정훈 1기 중장 국방부 군수차관보(대통
모총장 연행 재가 서명 주도) 황영시-육사 10기 중장 1군단장(대통
부 통신연락 임무) 백운택-육사 11기 준장 71방위사단장(대통령의
법 출동. 국방부, 육본 점령) 최세창-육사 13기 준장 3공수여단장(
임무 종사) 이상규-육사 13기 준장 1기갑여단장(1기갑여단 불법출
법출동) 장세동-육사 16기 대령 수경사 30경비단장(쿠데타 지휘부
17기 대령 보안사령관 비서실장(보안사에서 보안감찰 주도) 허삼수
사 정보처장(보안사에서 보안감찰 주도) 정도영-육사 14기 대령 노
장(육참총장 수사 주도) 우경윤-육사 13기 대령 육군본부 범죄수사
포 지시) 신윤희-육사 18기 대령 수경사 헌병부단장(수도경비사령

제 4 편
우초 각종 증서 수상 내용

제 1 부
(A) 수상 내용

제1부 (A) 수상 내용
제1장 대통령 수여 국가 유공자 증서

第61號

委囑狀

姓名 金光海

貴下를 統一民主黨大統領
選擧對策委員會安保委員으로
委囑함

1987年 12月 10日

統一民主黨

總裁 金泳三

국가유공자증서

김 광 해

1943. 10. 5생

우리 대한민국의 오늘은 국가유공자의
공헌과 희생위에 아루된 것이므로 이를
애국정신의 귀감으로서 항구적으로 기리기
위하여 이 증서를 드립니다

2005년 5월 3일

대통령 노 무 현

이 증을 국가유공자 등부에 기입함 제13-20393호

국가보훈처장 박 유 철

참전용사증서

김 광 해

귀하는 월남전에 참전하여 자유민주주의 수호와 국가발전을 위해 헌신하였으므로 그 명예를 선양하기 위하여 이 증서를 드립니다

1998년 5월 13일

대통령 김 대 중

이 증서를 참전용사증서부에 가입함 제21-10-020638 호

국가보훈처장 김 의 재

제 118 호

민주화운동관련자증서

김 광 해
1943. 10. 5. 생

위 사람은 대한민국의 민주헌정질서 확립에 기여하고
국민의 자유와 권리를 회복·신장시켰으므로
「민주화운동관련자 명예회복 및 보상 등에 관한 법률」의
규정에 의하여 이 증서를 드립니다.

2005년 11월 4일

민주화운동관련자명예회복및보상심의위원회

제 70607 호

졸 업 증 서

본적 **경 기 도**

성명 **金 光 海**

19**43**년 **10**월 **5**일생

위 사람은 이 대학 정경학부
행정학과의 전 과정을 이수하고
행정학사 자격을 얻었으므로 이를
증명하고 이 증서를 수여함

1979년 2월 1일

경기대학 학장 철학박사 **전 병**

제 3 장 영국 옥스퍼드대 연수 수료증 외

Industrial Relations Unit
St Edmund Hall
University of Oxford

Research Director:
A. I. Marsh, OBE, MA

17 Norham Gardens
Oxford
OX2 6PS

Telephone: (0865) 274170
Fax: (0865) 274171

This is to Certify that

Kim, Kwang Hae

....

attended the Seminar on 12th January 1995

on

Local Government

A. I. MARSH, OBE MA
Research Director
St Edmund Hall
University of Oxford

필자 영국 런던 옥스퍼드대 연수 수료증

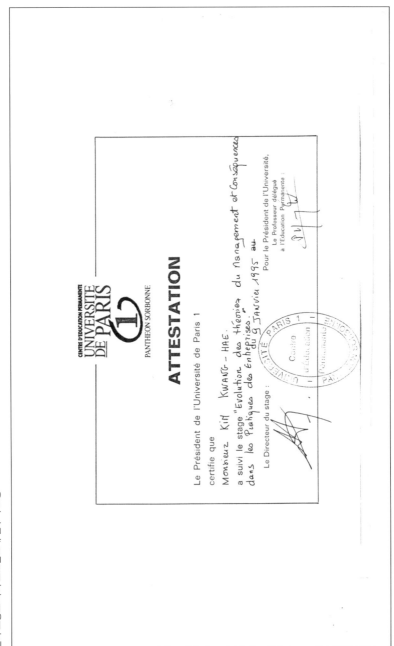

제 916 호

표 창 장

제 1군사령부
육군소령 김 광 해

귀하는 평소 왕성한 책임관념과
근목의욕으로 맡은바 임무수행에
헌신 노력하여 국군 발전에 기여한
공적이 현저 하였으므로 건 군
제 30주년 국군의 날을 맞이하여
이에 그 공로를 표창함

1978 년 10 월 1 일

국방부장관 노 재 현

제 617 호

표 창 장

충해안경비사령부

중령 442741 김 끔해

위 장교는 평소 부여된 임무를 훌륭
히 수행하여 전력증강에 기여한 공이
지대함으로 건군제33주년 국군의 날을
맞이하여 이에 표창함

1981년 10월 1일

참모총장 대장 이 희 성

제 12222 호

표 창 장

계몽홍보부문
동 상

월 간 택 시 사
대표이사 김광해

귀하는 평소 투철한 국가관과
사명감을 가지고 교통안전 증진에
기여한 공로가 크므로 위와 같이
표창함

1991년 12월 20일

교통부장관 임 인 택

제 888 호

전 역 장

육군중령 김 광 해

귀하는 22년간 숭고한 애국
애족의 정신으로 국가와 민족을
수호하고 명예로운 전역을 하게
되므로 이에 전역장을 수여함

1982년 7월 31일

국방부장관 윤 성 민

김광혁귀하

항상 健康하시고 행운이 함께 하시기를 기원합니다.

지난 4月 7日
저의 合同參謀議長 겸 統合防衛本部長 취임시
축하와 격려를 보내 주신데 대해 진심으로 감사드립니다.

국내외적으로 대단히 중요한 시기에 重責을 맡아
國家安保의 최후보루로서 국민의 절대적인 신뢰 속에
전방위 군사대비태세를 확립할 수 있도록
최선을 다하겠습니다.

앞으로도 변함없는 指導와 聲援을 부탁드리며,
가정의 평안과 행복을 다시 한번 기원드립니다.

2003年 4月 22日

合同參謀議長
統合防衛本部長   陸軍 大將   金 鍾 煥

김광해 바른사회 만들기 운동본부 총재님께,

보내주신 서신 고맙게 받아 보았습니다.

여러 가지 바쁘신 가운데도 지난달 시민사회단체 대표 초청 행사에 참석해 주셔서 우리 군의 발전을 위해 귀중한 말씀을 해주신 것에 대해 다시 한번 감사 드립니다.

또한 영향력 있는 시민사회단체 「바른 사회 만들기 운동본부」를 통해 우리 사회를 부정 부패 없는 깨끗하고 밝은 사회로 만들기 위해 진력하고 계시는 총재님과 여러 임원들께 깊은 경의를 표하는 바입니다.

총재님께서 상이자 등록을 위해 보훈처를 경유하여 육군에 접수하신 민원은 확인, 병무청에 병적기록을 요청하여 보훈처에 통보하였습니다.

이 과정에서 병무청으로부터 서류 접수가 다소 지연되었으나, 전공상 심의를 통해 의결이 되면 민원접수 일자로 소급 적용되오니 이점 널리 양해해 주시기 바랍니다.

변치 않는 애정과 관심으로 우리 군에 격려와 성원을 보내주시는 총재님께 깊이 감사 드리며, 가정에 평안과 행복이 늘 함께 하시길 기원합니다.

2002年 8月 12日

김 판규

陸軍參謀總長 大將 金   判   圭 拜上

제 5 편
우초 시집

제 1 부 제1시집 삶 사랑 고뇌 그리움의 시
제 1 장 필자 시단등단 전문잡지 포스트 모던에 등단과 동시 입상한 詩(시)

심 사 평

푸른 시인의 가슴을 지니고 있기에…

심사위원: 이근배/김용언/김종천

한국 시단의 자성해야 할 덕목이 많기도 하지만 오늘에 와서 가장 큰 현안이 무엇인가! 무어니무어니 해도 시의 흐름(思潮)에 앞지르기는 세상 어디에 뒤지지 않건만 뒷물결의 머무적거림 또한 세상의 어느 후진국에 뒤지지 않을 것이다.

작금에 와서 이러한 문제점을 혼란으로 지적할 수 있는 현장이라고 보기 어려운 지경에 이르러서 이 문제를 화두(話頭)에 올린 이유는 따로 있다. 시(詩)의 보편적 가치를 떠나서 생산되고 있는 시와 시인 (詩人)들에 대하여 지적하고자 하는 필자의 견해(見解)를 피력하고 싶어서이다. 시작품으로 검증되어 시인이 탄생되는 관행에 대해서 의의를 제기하는게 아니라 시의 기교에 대한 편견이, 혹은 평가기준이 천태만상인 오늘의 현실에서는 차라리 언어의 형상화가 무리고 가슴에 소박한 동경이 담겨있는 시가 어쩌면 탐스럽게 보이고 욕심사납지 않게 뵈진 않을까!

이번에 새롭게 당선작으로 뽑는 이혜랑, 최영진, 김봉년 이상의 세 사람은 공통점이 하나 있다. 현재 초등학교 교사로 봉직(奉職)하고 있다. 더 덧붙이자면 학창시절부터서 습작에 여념이 없었으며 계속 학구적인 생활을 놓지 않고 있는 것 또한 공통점이다.

필자는 이 점이 퍽 맘에 들었다. 모든게 인공화(人工化), 인조화(人造化)하는 세상에 초등학교 조막 손에 시심(詩心)을 심어왔던 이 세 분이 시인(詩人) 지망생으로 동시에 뛰어들었다는 그 사실은 심심 산골에서 산삼(山蔘)을 손에 든 기쁨만큼 싱그럽고 흐뭇한 것이다. 더욱 더 가슴설레인 것은 들에 핀 야생화(野生花)처럼 어떤 공해(公害)에도 찌들지 않고 나름대로 갓대를 속앓이를 하면서 시를 키워 왔으니 오늘의 잣대로 그 수준을 재기엔 다소 무리라는 생각에 잠겨 들었다. 다만 맑고 깨끗한 열정이 있고, 학구적인 삶의 자세가 있고, 시에 있어서 엄정함이 있으며, 시인(詩人)이 된다는 지극한 자부심 (自負心)을 가꿀줄 안다면 오늘의 한국 시단에서 깊이 환영하고 본받아야 할 인간적 향취가 있으리라 가늠한다.

이제 이 세 분을 시단에 내 놓으면서 당부하고 싶은 것은 이혜랑, 최영진은 계속 자연서정(自然抒情)에 머무를 것이 아니라 신감각(新感覺)과 신표현(新表現)의 서정찾기에 길을 넓혀갔으면 싶다. 김봉년의 비교적 무난한 작품에 대해서도 보다 더 언어(言語)의 질감(質感)에 대한 연마가 요구된다는 점을 밝혀두고 싶다.

이제 어려웠던 도정(道程)에서 새로운 출발의 기적이 울린다는 사실을 계기로 하여서 초심(初心)의 아릿답고 푸릇푸릇한 용기를 언제까지나 계속했으면 싶다. 세 신인(新人) 모두 푸른 시인의 가슴을 지니고 있기에 세상의 어떤 시인보다도 행복하고 아름다운 시의 세계를 창조해 가리라 기대하며 당선을 축하드린다. 〈金種千 記〉

제 2 장 2002년 5월 20일 을지출판사에서 발행한 한국 시인 총람 사전인 '한국 시 대전' 313쪽에 수록된 내용

파해 金光海 Kim Kwang-Hea
1943. 10. 5~
시인. 호 우초(愚草). 필명 음풍(吟風). 경기도 여주 출생. 경기대학교 행정학과 졸업 및 고려대학교 정책대학원, 건국대학교 문예창작과정 수료. 1989년부터 습작. 2000년 〈포스트모던〉 신인상에 시 「옛날 친구」외 5편이 당선되어 등단. 육군중령(정훈장교) 전역. 현재 월간〈교통관광저널〉발행인, 전문화 동우회장, 행정사 김광해 사무소장, 바른사회만들기운동본부 총재, 대통령표창 외 20회 수상. 대표시「내일을 위하여」. 저서로는〈고발(告發): 신라편, 1995〉〈군사반란: 광장, 1998〉등이 있음. 그의 작품들은 군사반란이라는 격변의 시대상황을 은폐으로 부딪치면서 파현 섭리 진리가 있는가, 있다면 신은 무엇하는 것인가. 윤리, 도덕을 팽개치고 거짓과 위선이 판을 치고 있지만 무엇하나 용패하나 제대로 안되는 이 세상을 저주할 때마다 생각나는 정의, 향수, 인생, 그리움, 사랑을 고뇌하며 슬픔을 극복하려고 시를 쓴다. 현재 서울특별시 광진구 구의2동 71-11에 거주.

내일을 위하여

인걸은 많으나 변화는 없구나
부자는 없고 출부가 판을 친다
부끄러운 세상 어찌 살꼬

진리와 섭리를 외면하지 않고
윤리와 도덕을 배척하지 않고
준법과 질서를 언제면 지킬꼬

전라도 충청도 경상도가 하나되고
이남과 이북이 하나되는
그날이 언제쯤이면 이 땅에 올꼬

열심히 일하여 보람을 찾고
이웃끼리 믿고 사는 아름다운 사회가
언제쯤이면 이 땅에 올꼬

역사는 흐르고 있다
역사는 증언하고 있다
후손에게 부끄럽지 않은
내일을 위하여……

내 고향

내고향 여주는
인심좋고 밭 좋기로 유명하다.
봄이면
모내기에 일손이 바쁘고
여름이면
김매기에 하루해가 짧다.
가을이면
오곡의 황금빛판에서
풍성한 추수의 결실이 있다.
겨울이면
안방에 군불지피면서
동지 설달 긴밤을
얘기로 지낸다.

그리운 어머니

어머니!
언제 불러도 다정한 그 이름
불러보지 못하고 살았습니다
아무리 외쳐도 대답이 없고
애타게 그리워도 만날 수 없는
나의 어머니는 어디에 계십니까.
그리운 어머니!!
어머니는 추운 겨울 어느날
다섯 살백이 어린 나를 두고
어디론가 훌연히 떠났습니다
어머니가 떠난 자리는 너무나 키
세월은 가도 가시지 않고
수많은 날들을 어머니 생각에
문득 울었습니다
문밖에서 들려오는 바람소리에도
혹시 어머니가 아닌가 하고
수없이 맨발로 뛰어나갔습니다
그러나 어머니는 오시지 않고
기다림과 그리움의 눈물 속에서
그만 반세기가 지났습니다
그리운 어머니!!!
애타게 보고 싶습니다
생시라도 알고 싶고
꿈속에서라도 보고 싶습니다
어머니는 지금 어디에 계십니까.
아! 그리운 나의 어머니

노 을

노을은 어디서 와서 어디로 가는가
찬란한 너의 몸 황금빛이 눈부시다
기러기 한 쌍이 너를 향하여
정답게 얘기하며 날아간다
엄마구름 아빠구름
뭉게구름 비늘구름
노랗게 붉그레 물들어져
새악시 귀볼처럼 아름답구나

회 상

나는
일세기의 반 이상을 살면서
하나도 이룩한 것이 없디
남들은 돈 많이 벌고
높은 자리에 앉아
출세했다고 하는데
나는 지금까지 무엇을 했나
백이면 흑 흑이면 흑
정의가 아니면 죽음을 외치는 나는
선친의 가르침이
지금의 나를 만들었다
명예보다는 돈이고
돈이면 무엇이든지 한다지만
나는 돈보다
명예를 위하여 산다

참사랑

그대의 참사랑은
영원한 내 사랑이어라.
그대의 따뜻한 순정은
내 생명의 샘이어라.

그대의 아름다운 마음씨는
내 인생의 새 삶이어라.
그대 멀리 있다 하여도
항상 내 마음속에 있음으로
외롭지 않음이어라.

이 세상 모든 것이 아름답다 하여도
그대의 아름다움을 따를 수는 없음이어라.

人生航路

인생은 영원한 항해입니다.

출생이 있으면 사망이 있고
사망이 있으면 출생이 있고

만남이 있으면 이별이 있고
이별이 있으면 만남이 있고

행복이 있으면 불행이 있고
불행이 있으면 행복이 있고

희망이 있으면 좌절이 있고
좌절이 있으면 희망이 있고
부귀가 있으면 빈곤이 있고
빈곤이 있으면 부귀가 있고

성공이 있으면 실패가 있고
실패가 있으면 성공이 있고

이것이 인생의 항로입니다.

엄미리 계곡에서

산도 깊지 않은 엄미리 계곡에
올해도 여름은 찾아왔나 보다

지난 겨울에는 눈이 많이 내려
온 계곡이 백설로 뒤덮이더니
지금은 울창한 숲이 되어
산새소리만 들려온다

계곡에서 흐르는 힘찬 물소리는
신들린 음악도의 지휘자 같고
한많은 사람들의 절규도 같다

유리알 같이 맑은 물속에는
이름 모를 고기떼 몰려 놓고
물안개 피어나는 계곡바위들은
신선이 놀다간 자리 같다

발 아래 꿈돌대는 물고기에 놀라
잽싸게 두 손으로 잠으려 하니
흙탕물치며 어디론지 달아났다

제 3 장 제1시집 選詩(선시)
제1절 영원히 사랑하는 나의 아내

물망초 같은 구름안개 같은 자태로
내게 살며시 다가와
나와 함께 한지 어언 50여년 星霜(성상)
기쁜 일 즐거운 일 슬픈 일도 많았지만
모든 것 잘 참아내고

약관 24세 애띠고 앳띤 새아씨가
이 못난 사람에게 일생을
받치기로 하고 시집을 왔습니다.
긴 머리에 미니 스커트 입은 그 모습은
날개를 활짝 편 백조 강이 아름다웠고

흠 잡을 곳 한 곳 없는 깨끗한 천사 같은
모습은 내가슴을 설레이게 충분했습니다.

어느덧 세월은 흘러 흘러 나이 먹고 먹어
70세가 넘으니 곱디 곱던 백옥 같던
그 피부는 옛 모습이 없어지고 잔 주름이 하나 둘
생기더니 할머니가 다 되었답니다
특히나 난치병뇌경색을 앓고 있는 남편 나 때문에
너무 너무 고생이 많습니다.

나는 그래도 자연스럽게 나이 먹어 가는
나의 아내를 보면 젊었을 때 보다
더 아름답고 더 예쁘고 사랑스럽습니다
여보! 죽는 날까지 이렇게 변함없이 사랑하며
살아 갑시다
여보! 절대 아프지마오
당신이 아파하면
나는 가슴이 무너지는 듯 하고 내가 더
근심 걱정이 태산 같고 더 아프답니다.
우리는 夫婦(부부) 一心同體(일심동체)가 아닙니까.
그러기에 죽도록 사랑하기 때문에 당신보다 더 아프답니다
어떤 경우라도 아프지 않게 사전 건강 관리 잘하고
건강 이상 예방에 최선을 다하기 바라오
사랑 합니다
영혼까지 영원히 사랑 합니다
할 수만 있다면
죽을 때도 같이 죽읍시다
고생 많았습니다.
고맙습니다.
감사합니다.

제2절 우초의 인간 인생 철학시

우초는 일생을 아래와 같이 행동하고 실천하여 동기 동창보다는 先覺者, 先導者로 살아왔고 정부로부터 큰 명예도 얻고 제 자신은 성공한 인생이라고 판단, 믿고 살며 여생을 보내고 있다.

1. 출, 퇴근시는 남보다 일찍 출근하고 늦게 퇴근한다
2. 윤리, 도덕적 인간으로 예절을 철저히 지킨다.
3. 단정한 태도(복장, 두발)로 항상 몸가짐을 바르게 한다
4. 출근에 지장을 줄 음주 금지한다
5. 몸에서 술, 음주 담배, 흡연 기타로
   악취나게해 상사를 불쾌하지 않게 한다.
6. 자기직무는 최고로 숙지 자신 있게 능통할 것
7. 무슨 업무든 상사에게 보고하고 행동 할 것
8. 동료나 누구던지 언쟁이나 싸우지 말 것
   (과오던 아니던 먼저사과 할 것)
9. 적수는 없게 하고 부득이 있을시 선의의 경쟁을 하고
   수준이하는 대응하지 말고 무관심 무시 할 것
10. 무슨 책이던 많이 읽고 지식과 실력을 쌓을 것
11. 근검, 절약으로 소액이라도 아껴 저축하며 산다

제3절 발병시(發病時)는 심신 안정이 중요

한없이 약한 것은 인간이다.
제 아무리 튼튼하다고 큰소리 치고
뽐내는 이도 사실 언제 병석에 누을지 모른다.
발병의 원인도 여러가지 형태이다.
세균으로 발생하는 전염병들도 있고
스트레스와 과로로 오는 질병도 있고
각종 사고로 발생하는 부상 질병도 있고
현대 의학이 지적하는 심리적 원인의
질병도 많이 있다
이와같은 병은 치료, 완치가 급 선무이며
가장 효율적 치료는
몸과 마음의 안정이 최우선이다.

제4절 그리운 어머니

어머니!
언제 불러도 그립고 다정한 그 이름
불러보지 못하고 살았습니다
아무리 외쳐도 대답이 없고
애타게 그리워도 만날 수 없는
나의 어머니 어디에 계십니까?
그리운 어머니!
어머니는 추운 어느 날
네 살배기 어린 나를 두고
어디론가 홀연히 떠났습니다
어머니가 떠난 자리는 너무나 커
세월은 가도 가시지 않고
수많은 날들을 어머니 생각에
울고 또 울었습니다

문밖에서 들려오는 바람 소리에도
혹시 어머니가 아닌가 싶어
수없이 맨발로 뛰어나갔습니다
그러나 어머니는 오시지 않고
기다림과 그리움의 눈물 속에서
그만 반세기가 지났습니다
그리운 어미니!

애타게 보고 싶습니다
생사라도 알고 싶고
꿈속에서라돈 보고 싶습니다
어머니는 지금 어디에 계십니까
아! 그리운 나의 어머니

제5절 나의 귀한 사위 하 서방

어디서 하서방 같은 귀하고 귀중한 사람이 태어났노!
우리 딸과 결혼하여 우리 사위가 된 지 20여 년이
되어 가도 단점 하나 찾을 수 없는
완벽한 장점투성이의 한국의 건실한 남성 우리 사위!
낳아준 부모에게, 우리 장인 장모에게 최선의
효심을 다해 효도하는 성실하고 근면한 착실한
단 한 사람의 우리 사위!
자기 사업을 시작, 많은 고생과 실패의
충분한 경륜을 쌓아 이제는 각고의 고생 끝에
거칠은 황야에서 살아날 수 있는 투지의
사업인이 되었고 적자에서 흑자를 성취했으니
더 이상 기쁜 일이 어디 또 있겠는가
매월 장인, 장모 용돈까지 주니 이보다
더 고마울 때가 또 있겠는가
사위의 기특하고 거룩한 마음씨는
부자 이전 거부이네

외손자 외손녀도
사위, 딸을 닮아 효심이
지극하고 아름다우니
늘 하나님의 은총과 가호가
있어 발전할 것이며 승승장구하기를 기도합니다. 아멘!

제6절 내 고향 여주

내 고향 여주는
인심 좋고 쌀 좋기로 유명하다
봄이면
모내기에 일손이 바쁘고
여름이면 김매내기에 하루해가 짧다
가을이면 오곡의 황금벌판에서
풍성한 추수의 결실이 있다
겨울이면
안방에 군불 지피며서
동지섣달 긴 밤을
이야기로 지샌다

제7절 회상

나는 일 세기를 거의 살면서
하나도 이룩한 것이 없다
남들은 돈 많이 벌고
높은 자리에 앉아
출세 했다고 하는데
나는 지금까지 무엇을 했나
백이면 백, 흑이면 흑
정의가 아니면 죽음을 외치는 나는
선친의 가르침이
지금의 나를 만들었다
명예보다는 돈이고
돈이면 무엇이든지 한다지만
나는 돈보다
명예를 위하여 산다

제8절 엄미리 계곡에서

산도 깊지 않은 엄미리 계곡에
올해도 여름은 찾아왔나 보다

지난 겨울에는 눈이 많이 내려
온 계곡이 백설로 뒤덮이더니
지금은 울창한 숲이 되어
산새 소리만 들려온다

계곡에서 흐르는 힘찬 물소리는
신들린 음악도의 지휘자 같고
한 많은 사람들의 절규도 같다

유리알같이 맑은 물속에는
이름 모를 고기 떼 몰려 놓고
물안개 피어나는 계곡 바위들은
신선이 놀다간 자리 같아
발아래 꿈틀대는 물고기에 놀라
잽싸게 두 손으로 잡으려 하니
흙탕물 치며 어디론지 달아났다

-엄미리 계곡 : 경기도 광주시 남한산성
동쪽 끝자락 계곡에 위치함

제9절 향수

내가 태어난 곳은 면내에서 동쪽으로
양지바른 야산 기슭 초가집
우리 집 울타리를 끼고 시작된 오솔길은
집 너머 작은 산봉우리 두 개 넘어
우리 큰 밭으로 쭉 뻗어 있다

나는 이 길로 아버지를 따라
지게 지고 소를 몰고
콩도 심고 보리 씨도 뿌리고
마늘도 심고 참외도 심고 따고

아! 꿈에서도 그리운
집 너머 오솔길과 산봉우리 가고 싶은 내 고향
지금은
오솔길 산봉우리 소나무 향 내음도 간 곳이 없고
덩그러니 학교 운동장이 되어 삭막하기만 하다

그 옛날 내가 뛰놀던 없어진 오솔길 산봉우리가
가슴이 저미도록 그리워진다

제10절 한강

태고 때부터 수만 년을
마르지 않고 흐르는 한강

주변 산과 들판이 개발이란 이름으로
파헤쳐지고 찢기어도
굳건히 자리 잡고 흐르는 한강

민족의 젖줄 자부심 속에
오늘도 내일도
민족혼을 안고서 흐르는 한강

한강아!
민족의 한강아!
역사와 함께 조국과 함께
영원불멸하게 이어져 갈
자랑스러운 우리의 한강

제11절 노을

노을은 어디서 와서 어디로 가나
찬란한 너의 몸 황금빛이 눈부시다
기러기 한 쌍이 너를 향하여
정답게 이야기하며 날아간다
엄마구름 아빠구름
뭉게구름 비늘 구름
노랗게 불그레 물들어져서
새악시 귓볼처럼 아름답구나

제12절 장애인(장애 상이국가유공자포함) 편의안전시설 관심 촉구시

장애인(상이군경)의 고뇌와 서러움

作詩 : 장애인 상이군인(좌측 수족 불구자) 국가 유공자 필자
　　　비평시인 김광해

그대는 장애인의 슬픔과 비애와 고뇌를 아십니까?
오가는 길 도로마다 절망과 장벽이 가로막혀
오갈 수 없는 이 세상살이 슬프고 슬프도다.

좁은길 넓은길 길이란 길 도로는 높고 낮고 울퉁불퉁
튀어 나오고 꼬불 꼬불하여 다니기 영 불편 하구나
불구자 휠체어 탄 장애인도 보호자 간병인도
끌고 다니기도 힘들기도 마찬가지다.

모든 건설공사 담당자는 계획 단계부터 대충 대충
빨리 빨리 하지말고 꼼꼼한 구상과 설계로 건설해야하며
내가 장애인이 되어 다닐때를 생각해 보며
거동불편자 장애인이 불편없이 안전하게 다닐 수 있게
정성들여 공사를 하여보자.

그대는 장애인의 비애와 고뇌를 그렇게 모르십니까?
우리는 누구나 예비 장애인이라는 것을 인식하여
안전공사로 안전 길잡이가 되어

오가는데 불편 없이 다닐 수 있는 확실한 길잡이가 되게
모두 세밀한 안전공사에 최선을 다해야 합니다.

앞으로는 과학과 문명의 발전으로 사고는 더 크게 많아 질것이며
예비장애인은 장애인 발생 예방에도 적극 노력해야 합니다.

아! 슬프다. 정신 박약자, 불구자 장애인들
문명과 기술의 발전으로 많은 사고는
앞으로 더욱 발생할 것이고 각종 장애인은 늘어만
날 것 이기에 온 국민은 큰 관심 가지고
장애인 발생 방지에 적극 노력해야 한다.

누구나 장애인이 될 수 있는 나라와 사회!
우리는 예비 장애인 일 수도 있다.

언제 어디서 사고나서 장애인이 될지 모르는
이 세상 어느시간 어떤 때에 장애인이 될지 모르는 이 세상!
모든 국민이 다 같이 안전사고 예방에
큰 관심 같고 장애인 발생 예방을 위하여
행복하게 사는 나라 사회를 만들어 보자!

우리 모두 장애인을 적극적으로 돌보는
돌봄이가 되어보자!!

제 2 부 제2시집 믿음과 신앙의 시
제 1 장 제1시집 選詩(선시)
제1절 존귀하신 나의 하나님 아버지

이 아들이 병들어 고통의 눈물을 흘려도 치유해 주실 분은
하나님 한분 이시고 이세상 친구 다 떠나 가고
나를 멀리 하여도 끝까지 나를 치유하며
지켜 주실 분은 하나님 아버지 뿐이 시고
15년 전 나와 같이 쓸어진 뇌졸중(뇌경색)
환우들 모두 떠나 갔어도 아버지는 이 아들에게
국가와 국민을 위한 할 일이 남아 있다고
데려 가시지 않고 이 시간까지 살아 있게 하시고
우리나라 단 한사람인 뇌경색 다큐 작가!
더 훌륭하고 유명한 다큐멘터리 작가가 되라고
천사를 통해서 당부 하셨습니다.
고통과 환난을 치유해 주시고 물리쳐 주시는 아버지!
주님을 믿고 섬긴지 80년!
기독교 시무장로로 협동장로로 명예장로로
은퇴 장로로 30년!
주님의 복음 천사로 오늘도 최선을 다하며
살고 있습니다. 긴 투병에 낙심하고 좌절 할 적마다
새 용기와 희망을 주시는 하나님 어버지 감사합니다.
아멘!

2017년 중앙보훈교회 작정150일 새벽기도예배 마치고...

제2절 우초의 병상(炳床) 기도시(祈禱詩)

생명의 주인 되시며 우리를 사랑하시는 주님,
죄와 허물로 마땅히 죽어야할 죄인을 용서해주시고
하나님의 자녀 삼아 주심을 감사합니다.
만병의 의사, 의원 되시는 주님
주님은 우리 모든 죄를 사하시며
우리 모든 병을 고치십니다.
십자가의 보혈로 날마다 덮어주시고
씻어주시고 정결케하옵소서,
주님의 능력의 손으로 안수하시고
치료하는 광선을 비추어주소서.
주님이 십자가에 못 박혀 죽으심으로
우리모든 질병과 연약함을
담당하셨고 주님이 채찍에 맞음으로
우리가 나음을 입었습니다.
모든 기능은 원리의 기능 대로 회복 시켜주소서.
약할 때 강함 주시며 두려울 때 자신을 잃지 않는
용기를 주옵소서
병상에서도 항상 기쁨과 감사함으로 치료할 수 있는
은혜를 주옵소서.
모든 염려와 근심은 주께 맡기고
우리안에 평안한 마음을 주시고
회복의 은총을 주옵소서.

우리몸과 마음의 상처를 위로해 주시고
능력의 손으로 만져주옵소서.
주님 앞에 엎드려 고백하는 우리에게 네 믿음이
너를 구원 하였으니 평안하라.
네 병에서 건강을 찾을지어다.
주님의 치유 은혜, 은총을 베풀어 주옵소서.
예수님의 이름으로 감사하오며 기도합니다.
- 아멘!

제3절 믿음의 자녀가 새겨야 할 하나님 말씀

愚草 吟豐이 좋아하는 bio Bible

지금까지는 너희가 내 이름으로 아무것도 구하지 아니 하였으나
구하라 그리하면 받으리니 너희 기쁨이 충만 하리라.
<요한복음 16:24>

내가 너의 상처로부터 새살이 돋아나게하여 너를 고쳐주리라
<예레미아 30:17>

아무것도 염려하지 말고 다만 모든 일에 기도와 간구로
너희 구할 것을 감사함으로 하나님께 아뢰라
그리하면 모든 지각(知覺)에 뛰어난 하나님의 평강이
그리스도 예수 안에서 너희 마음과 생각을 지키시리라
<빌리보서 4:6-7>

수고하고 짐진 자들아 다 내게로 오라
내가 너희를 쉬게 하리라
<마태복음 11:27>

두려워 하지 말라 내가 너와 함께 함이라
놀라지 마라 나는 네 하나님이 됨이라
내가 너를 굳세게 하리라

참으로 너를 도와 주리라
참으로 나의 의로운 오른손으로
너를 붙들리라

<이사야 41:10>

제4절 주님과 나의 자식들

내 몸이 아프고 불편할 때는
주님이 치유해 주시고
긴병에 효자 없다고 하나
나의 자식들은 그런 자식 없습니다
삼남매 효자 효녀
육손자, 사손녀
모두 효자, 효녀, 효손자, 효손녀 랍니다

긴병, 난치병으로
모든 친구들 다 떠나가도
나의 주님은 이 아들을
주야로 끝까지 치유해 주시고 지켜 주십니다

병들어 고통의 눈물을 흘려도
존귀하신 나의 주님은 치료의 기도로
항상 고쳐 주십니다

우주 만물 중 가장 존귀하시고 경외하신 하나님 아버지!
이 아들 세상일에 너무 심취해 있을 때
징벌로 내리신 뇌졸중 뇌경색 병을 주시어
환난과 고통의 시간을 주신 것도 하나님 아버지이시고
큰 반성과 큰 회개의 시간을 주신 것도 아버지이시고

깨끗이 치유 완쾌해 주실 분도 아버지이시기에
오늘도 최선을 다해 굳건한 믿음으로
주님을 따르며 살고 있습니다
주님을 경외하며 사랑합니다.
하나님 아버지! 진심으로 감사, 감사합니다. 아멘

수고하고 짐 진 자들아!
다 내게로 오라 너를 편하게 쉬게 하리라.
아멘
오! 주여
제 병든 몸을 고쳐주소서
존귀하신 하나님 아버지~
이 아들이 때로는 넘어지고 낙심 낙망 좌절하여도

최후 승리를 주실 것을 믿습니다.
이 아들이 예수님을 믿음으로
지금까지 살아있게 하심을 믿습니다
장로교회 장로로 협동장로 은퇴장로로 20년
모태 신앙인으로 예수님을 믿은지 80년!

긴 병으로 세상 친구 다 떠나가도
친분자 중 예수님을 믿는다고 비웃고 조롱하여도

애수 품에 안기여 평생 참 위로 받고 삽니다.

세상 즐거움 다 버리고

이전에 즐기던 세상일도

주 예수보다 더 귀할 순 없습니다

유혹과 핍박이 몰려와도

주 예수 밖에 없습니다

예수님은 늘 자비 하셔서

내 환난 내 고통 내 궁핍함을 늘 채워 주십니다.

이 아들의 병든 몸을 고쳐 주실 것을 확실히 믿습니다.

아멘

-2017년 06월 29일 03시 새벽기도 참석 후
時想(시상)이 떠올라 병상침대에서 作詩(작시)

제 3 부 제3시집 선시 나라사랑 국가관 충정시
제 1 장 제3시집 選詩(선시)
제1절 우초의 조국 민족애 국가관
애국충정시 (愛國衷情詩)

인간으로 이 세상에 태어났으면
수명을 다 하는 날까지
최선을 다하여 임무, 사명완수를 해야 할 것이며
이 세상에 훌륭한 큰 "명예" 공적하나쯤은
남기고 죽어야 하지 않겠나? 생각하고 살았다
그것은 조국, 민족, 후손을 위한 큰 일인 것이며
나라위한 목숨을 받칠 수 있는 위업이 될 것이다
00, 00를 용납지 않으며 가장 최고의 정의로운
삶을 살겠다고 곧은 맹세로 산것이 하나님의 가호가
있었던 것을 확신한다
풍전등화와 같던 누란의 위기에서
조국을 살리려고 목숨걸고 마음과 몸을 실제행동으로 실천
조국을 살려냈고
그 공적에 상응한 보상과 예우도 인정 받아
영광스럽기 한이 없다.
0히 또한 00는 13세에 가출(家出)
고학, 입대, 군생활, 전역 일반사회생활 등 전 인생생활에서
가족보다 국가가 우선이었고 가족은 차선으로
가족모두에게도 이와 같이 이해 교육시키고
평생을 살아왔다

제2절 천안함 폭침자는 저주 받을 것이다.

46 천안함 전사장병숭모추모시
천안함 폭침자는 저주 받을 것이다
고히 잠드소서 명복을 빕니다.

천안함 46용사 전사 5주기 추모시
비통한 심정으로 작시: 비평시인 김광해

아래는 북한의 만행으로 폭침된 천안함 장렬한 전사
5주기를 맞이하여
고귀한 죽음을 추모하며,
그대들의 넋은 영원히 조국 강산을 빛낼 것이며
그들의 숭고한 희생을 숭모한다는 내용을 담은 추모시

오늘 3월 26일은 조국을 지키다 서해 바다에서 숨진
천안함 폭침 46명의 용사와 한 주호 준위의
희생을 기리는 5주기를 추모하는 의미 심장한 날!
조국의 부름을 받고 조국을 위해 헌신하신 용사들을
진심으로 숭모하며 애도합니다

사랑하는 아들과 남편과 아버지를 잃은
유가족의 참담한 마음을 위로합니다
시간이 아무리 흘러도

그대들이 조국을 위해 헌신하신 애국심은
절대 헛되지 않을 것입니다

오늘도 아들의 묘를 찾아와 묘비를 닦고 계신 어머니
그대 모정의 눈물을
무엇으로도 보상할 수가 없습니다
내 아들 내 남편 내 아버지는 조국을 위한 진정한 애국자!
영원불멸의 아들이요, 아버지요 남편입니다

눈물을 닦아요, 한숨을 그만 그쳐요
나라 위해 목숨 바친 장렬한 전사
오래도록 빛낼 것이며
그대의 고귀한 넋을 위로 추모할 것입니다
그대가 계신 곳은 차가운 바다 물속이 아니고
기쁨과 행복이 가득한 나라
편히 쉬소서 행복하게 잠드소서
나라를 지키는 가장 큰 힘은
우리 모두의 투철한 안보 의식과 단결입니다
안보에는 너와 내가 없으며 여•야가 있을 수 없습니다

천안함 46용사가 남긴
고귀한 뜻을 받을어 5주기 추모식을 계기로

더욱 철저히 대한민국을 수호하고 희망의 날개를 펴
미래 희망의 출발점이 되고
조국의 앞날을 지키는 초석이 되자!

고귀한 목숨을 나라에 바친 46인의 용사
그대들은 영원불멸의 용감한 용사
그대들의 고귀한 희생으로
대한민국이 존재하고 다시 힘차게 살아 숨 쉽니다

북한은 어찌하여 그토록 젊은 그대들을 폭침시키는가?
젊은 46용사 목숨을 뺏어간 북한 당국의 무모한 도발에
나라를 지키는 해군 용사 46명과 한주호 준위의 넋이 분노한다

북한의 잠수함 어뢰를 이용,
타고 있떤 함정을 폭침시켜
두 동강으로 만들어 차디찬
서해 바다에 수장시키는
만행을 저지른 북한 당국은
하나님의 저주를 무서워하며
받을 것이다.
오! 주여 아멘

제3절 보훈과 애국 애족 숭모시
홍범도 장군 유해 귀환 안장 추모시

독립 투사 홍범도 장군의
유해 귀환을 정중히 추모 합니다.
영원히 빛나리 영웅 홍범도 장군!
이 나라에 홍범도 장군 같은 영웅이 있었던가
오늘 2021년 8월 18일 10:11시 대전 현충원에서
꿈에 그리던 조국땅에 101년 만에 다시 앉긴 홍범도 장군!
일제 침략 마귀군과 싸워 이기고
조국을 빛낸 홍범도 장군!
그대 이름 석자는 영원하리라 영원 불멸 하리라
그대는 눈감고 없는 이 세상 사람이 아니고
조국 국민과 영원히 살아서 숨쉴 영원한 장군!
이역만리 타국 만주 봉오동 전투와 청산리 전투에서
침략자 흡혈귀 일제와 맞서 목숨 받쳐 싸워
전승한 홍범도 장군!
조국이 아닌 이국 낯선 카자흐스탄에서 잠들어 있다가
조국 찾아 영면한 홍범도 장군!
카자흐스탄 고려인과 조국 많은 동포들은
장군의 고귀하고 숭고한 뜻을 영원히
길이고 숭모 할 것입니다.
장군은 영면하지 않는 우리 영웅, 전설!
영원 불멸하게 살아서 숨쉴 것입니다.

제4절 보훈과 애국 애족 衷情詩 (충정시)
온 국민 총력 합심으로 코로나19 극복해야

전 세계인을 공포에 떨게 하는 코로나19 너는 누구냐?
온 국민과 전 세계 인구 79억 세계 사람들을
겁나게 하고 놀라게 하고 떨게 하는 너는 누구냐?
우리는 너를 꼭 항복 시키리라.

어찌 너는 국가 인종 차별 없이 달라 붙어
바이러스를 감염 시키고 발병케하여 사람을 죽이느냐?
아무리 손발을 깨끗이 씻고 철저한 위생 생활에도
끈질기게 세균을 오염 전파 시켜 귀중한 인간의 목숨을 뺏느냐?

우리는 너를 물리 치는데 국민적 총력을 다할 것이다.
모든 국민 한 사람도 빠짐없이 코로나19 백신 예방 주사를 다 맞아
너를 물리치고 항복시키고 죽이고 말 것이다.

온 국민이어 일어나 100% 백신 맞고 발병 예방!

생명 보호 하는데 총 궐기하고 궐기 하자!

천지 만물을 창조하신 존귀하고 경외하신 하나님 아버지!
하나님 아버지께서 낳으시고 기르시고 이 땅에 살게 하셨으니
병마와의 고통이 없게 하시고
아버지께로 갈 때 까지 지키고 보호하여 주옵소서

우리 인류는 무척이나 열악하고 연약 합니다.
그리하여 많은 죄를 짓고 살아가는 우리 죄인을
용서하고 용서하여 주옵소서

우리를 밤낮으로 사랑 하시는 주님!
이 죄들 때문에 코로나19 이놈들은
인류의 죄악을 징벌 심판하려 하심 같습니다.

이미 아버지의 여러 차례 경고에도 불구하고
우리는 이기심 욕망을 떨쳐 버리지 못해
아버지는 이미 2002년과 2003년에
'사스'(중증 급성 호흡기 증후군)를
두 번째 2009년에는 신종 '플루'를
세 번째 2015년에 '메르스'로
그리고 2020년은 신종 코로나19 바이러스를 창궐케 현재까지
세계 많은 인류가 이 병에 감염되어 겁에 질려 죽습니다.

지금 이 위기의 시대 혼란한 순간을 적극적으로 대처
싸워 승리하고 극복하여 이 시기를 재기의 기회로 삼고
살게 되기를 원하오며 회개하며 용서를 구합니다.
나는 왜 어디서 태어나 그동안 어떻게 살았는지?
무엇을 위해 왜 살고 있는지?
무엇을 좋아하고 또 떠나 보내야 할 것이 무엇인가?
피해야 할 것이 무엇인가?

나는 우리는 정말 중요한 삶을 살아 가고 있는가?
뒤돌아 보면서 하나님 아버지의 징벌과 심판은 아닌지?
나는 꼭 만나야 될 사람이 누구인지?
꼭 해야 할 일이 무엇인가?

존귀하고 우리의 영광을 다 받으시기에 합당하신 주님!
우리는 기회와 변화의 삶과 축복의 기간이 될 수 있게
간절히 간구하고 축원하며 기도 합니다.
지혜로운 기간이 되게 하옵소서. 아멘

코로나19를 인류로부터 물러가게 하여주시고
온 국민이 정부 정책에 적극 호응하여
강력 대결 저항 하고 물리치게 하옵소서. 아멘..

(오직 믿음의 신앙인 詩人 金 光 海 長老 作詩)

제5절 정의로운군인 김오랑 중령 전사42주년 추모

작사 : 김오랑 중령 숭모회장 김광해

1979년 12월 12일 24시경
특수전 사령관 정병주 장군 비서실장 김오랑 소령은
특전 사령관을 체포하러온
반란군 박종규 중령과 그가 몰고온 일련의 반란에
참여한 10여명의 군인들이 불법으로 쳐들어와
사령관의 신병을 보호하고 지키던 김실장을 M16 소총
6발을 난사하여 현장에서 사망케 하였다.

군인의 본분을 다하던 정의로운 군인 김소령은
반란군과 대항키 위해 열세임을 알면서도
자기 직분을 완수 하기 위하여
목숨걸고 자기 권총에 실탄 6발을 장전하여
끝까지 항전 하다가 반란군이 쏜 총 실탄 6발이 김소령
복부 허벅지를 관통하고 현장 즉사 하였다.
그러나 반란 사망 후 부대 뒷산에 묻혔다가
육사 25기 동기들의 항의로
뒤늦게 동작동 현충원에 안장 되었다.

군인의 본분을 다하던 정의로운 군인 김소령!
불이익이 두려워 숭모회장을 모두 거부하여
본 시인 필자가 자청, 회장으로 40년이상 넋을 위로하는
제사를 지내 드렸고 부상 '트라우마'로 뇌경색이 발병

반신불수로 고문직을
지금은 뜻있는 민간인 출신
김준철씨가 회장을 이어가고 있다.

아! 거룩하다 정의로운 군인! 생명을 다 받쳐
상관의 목숨을 끝까지 지키다가 산화한 김소령!
정의로운 군인중의 군인! 온 국민의 귀감이 되는 군인!

파월 교육 당시 맹호부대 강재구 대위는
부하 목숨을 보호 지키려다 장열하게 산화 하였고
김소령은 상관을 지키다 전사 하였고
상관과 부하 목숨을 지킨
귀감 중에 귀감인 정의로운 군인들!

이 숭고한 군인정신은 살아있는 정훈 정신교육 산 자료인데
국군 최고 통치 국방 기관은 아직도 누구 눈치를 보는지
때가 아니라고 침묵만 하는 어리석은 짓 그만하고
명예회복과 걸 맞는 예우 및 보상 하라

김소령 사망 충격으로 어머니는 사망했고
부인 백영옥 여사는 눈이멀고 한 가정을 망치게 하고
의문의 사망을 하는 극심한 아픔을 당했다.

아직까지도 명예회복 보상이 없다.
다행이도 박근혜 정부는 늦게나마
김소령에게 2014년 4월 1일
보국훈장을 추서하여 영혼을 달래고 위로 하였다.
김소령은 사망한 것이 아니라
영원불멸 살아서 국민과 함께 할 것이다.
하늘이여! 존귀하신 하나님이여!
그의 영혼을 도웁는 은혜 주옵소서.
반란자는 반드시 사면 없이 엄벌하고
다시는 이 땅에 반란이 없게 하소서 아멘.

<폭풍 초대석> 추모회 김광해 회장

"그때의 상처 아물지 않는 한
무대타는 계속되고 있는 것
'12·12에 희생된 김오랑 중령
정당한 평가해야 역사 바로 서"

전라남도교육청
Jeollanam-do Office of Education

계월시를 풀어보고 있는 김 회장

"12·12때 순직 김오랑 중령 명예회복 조속히 이뤄져(

등록일 오늘은 전두환의 12.12 군사반란 34년째

작가서재에서 인터뷰하는 김광해회장   김오랑 숭모회회원들이   추모묵령우측두번째김회장)

12·12를 이틀 앞둔 지난 10일 오후 2시쯤. 5, 6명의 참배객이 찬바람이 매섭게 불어닥치는
도 국립현충원 제29묘역을 찾았다.

이들은 아직 흰 눈이 깔린 한 묘비 앞에 늘어서서 묵념을 올리고 추모제를 가졌다. 사망
맞은 김오랑 중령(전 정병주 특전사령관 비서실장) 넋을 위로하기 위해 찾은 '김오랑 중령
회원들이다.

제 6 편
기타 주요작품 중 선작

제1부 (A) 주요작품 중 선작

제1장

12·12 반란피해자 보상과 명예회복 강력요구

보상 미입법 발의 기피하는 국회와 국회의원은 최고의 직무유기자로 국회 역사에 영원히 남고 규탄받을 것이다.

국회는 12·12 군반란 피해자 명예회복 입법하고 보상하라.

1997년 4월 17일 대법원에서 12·12 사태는 분명한 군사반란이라고 최종 판결하였다. 그러면 국회는 즉각 동시에 피해자 명예회복과 보상을 자동입법 발의해야 하나 아직도 지금까지 국회와 국회의원은 직무유기를 하고 있어 끝나지 않은 미완의 군사반란으로 남아 있다.

신성한 국방의무를 만유감 없이 수행하고 있던 140여 명의 주요직위 장성이 갑자기 강제 퇴역당했고 사망, 부상, 강제 전역 장병 150여 명, 10·27 법난(法難) 피해자, 미구제 삼청피해자 등 수만 명 피해자들을 외면하고 5·18 피해자는 국가유공자 인정과 보상을 하였으나, 12·12피해자는 명예회복 보상 없는 형평의 원칙에 많이 위배되는 정치적 득실로만 만든 것은 지탄받을 불공정한 정치행위를 하였다.(12·12 반란없는 5·18은 있을 수 없다)

제 2 장
북한의 대남 적화 통일전선 전술전략이란

북한은 김일성, 김정일 시대부터 끈질기게 폭력, 비폭력으로 추진강행하는 북한의 남한 사회주의, 공산화 작전 계략은 지금도 계속되며 유효하다.

북한의 남침 전략 전술이며 이는 6·25 동족상잔의 전범(戰犯) 사실을 숨기고 사장시킴으로 민족의 역적, 반역자의 죄상과 책임을 숨기고 감추며 자연 민족통일 영웅이 가능하다는 판단, 획책전략에 의하여 한반도를 사회, 공산주의 국가로 만들려는 계략이 곧 북한의 일관된 남침 전략 전술인 "통일 전선 전략 전술"인 것이다.

북한은 핵무기 천 개를 폐기하여도 소용없고 대남 통일전선 전략 전술을 포기한다는 약속을 받아내야 한다. 약속을 해도 어기고 도발과 전쟁을 일으킨다면 전쟁을 예방할 방법이 없다.

제 3 장
장교동기생 임관 22주년 총회 기념 축하시

대표 축하시

아래 축시는 1988년 10월 8일 장교동기생 임관 22주년 기념식에서 동기생 부부 120여 명이 참석한 가운데 필자가 작시한 축시를 낭송하여 동기생들의 열광의 박수를 받은 바 있다.

우정

길다면 길고 짧다면 짧은 아! 흘러간 22개 성상!
우리는 약관의 나이로 조국의 간성이 되고자
지금부터 22년 전에 전라도 광주벌에 모였었다
소금기 절인 훈련복에 땀 내음 진동하는 콘셋트 속에서
우리는 꿈을 키우며 폭염의 삼복더위를 보냈었다
창군 이래 가장 똑똑하고 훌륭했다는 우리 동기생들은

많은 선배들의 수많은 칭찬과 신뢰를 한 몸에 받으며
상하의 나라 월남에서 전방과 후방에서
화려하고 추억어린 초급장교 시절을 보냈었다
이끌어주는 이 없고 밀어주는 이 없어도
황야의 개척자 정신으로
용광로를 녹일 듯한 독한 신념으로
우리는 능력을 인정받기 위하여
무던히도 피땀 흘리며 애쓰던 동기들
이제 우리들은 청춘을 불사르던 군문을 떠나게 되었고
사회의 모진 풍파와 또 싸워 반드시 이겨야 하는
현실에 살고 있다
인간은 혼자 살 수 없다
용빼는 재주는 더욱 없다
독불장군은 더 더욱 없다
조국과 민족을 위하여 이 몸 바쳐 싸울 것을 결의하였던
그 전우애 그 우정으로 어느 곳에 살고 있더라도
굳게 뭉쳐 사랑하고 도우며 살아가야 한다
우리는 영원불멸의 친구요 가족이다
평생 동지의 우정을 길이 길이 간직하자
적어도 오늘 이곳에 모인 10.1 장교 동기회 여러분은
우정과 신의의 주인공들이다
오늘같이 즐거운 날 환희와 회포의 건배를 들자
인생은 너무나 짧은 것
벌써 50대의 주름이 황혼의 의미를 실감시킨다
이 짧은 인생길에 우리들 서로 간에

독선과 아집의 불편한 관계는 모두 날려보내고
서로 용서하고 사랑하며 이해하고 살자
우정은 산길과도 같은 것
자주 오가지 않으면 어느새 풀잎과 낙엽이 쌓여
그 길은 없어지나니
10.1 동기회 여러분!
우리의 귀한 인연의 바탕에서
기쁜 일이나 슬픈 일이 있을 때마다
다 우리 모두 달려가 위로하고 기쁨은 축하해주고
슬픔은 같이 슬퍼 해주는 영원한 친구 영원한 우정의 전우가 되자
임관 22주년을 맞이하여
먼저 유명을 달리한 동기생에게 명복을 빌며
오늘같이 즐거운 날 영원히 영원토록 빛나게 하자

1988년 10월 8일 만추가절에

제 4 장
한국 정치인 수준 국민 의식수준에 못미쳐

  현재 우리나라 정치지도자 의식 수준이 국민 정치 수준에 못미치고 있어 자질 향상이 절실히 요구된다. 구시대 당리당략 당파 싸움 적폐에서 벗어나 21세기 새 시대에 맞는 협치의 상생 정치 국민의 복리 증진을 위한 선진 정치가 요구되는 시대이다.

  조선이 망하고 임진왜란으로 많은 인명이 살상되고 국토가 초토화된 것도 당파 싸움이 원인이었고 이로 인하여 치욕의 36년 나라 잃은 식민지 백성이 되었던 비극을 되풀이해서는 안된다.

  마치 지금의 정치 현실이 구한말의 비극이 또 오는 것 같아 많이 안타까운 심정이다.

  이제는 어떤 경우도 제발 당파 싸움은 하지 말아야 한다. 정치인은 공부 좀 하고 국민을 위한 선정을 펴야 한다.

제 5 장
효과 못 미치는 우리나라 장애인 복지정책 개선점 많다

불법 비리로 썩고 썩은 부패한 군 반란 정권의 종지부를 찍기 위한 반란 무리 일당과 목숨 건 투쟁과 민주화 운동 과정에서 전두환 일당 반란자들이 본 작가를 고발인 인 우리 일가족 몰살 위협과 협박으로 정신적 육체적으로 고통을 받아 뇌경색 등 10여 건이 넘는 신병 발병으로 평생 좌측 불구자가 되어 불치 난치병 장애인(뇌병변 2급)이 되었으나 20년 군 복무 퇴직 연금 수급자이고 주택 소유로 장애인 수당을 지금 할 수 없다는 주민센터 직원의 해괴망칙한 소리에 경악을 금치 못하겠으며 퇴직연금은 20년 이상 온갖 환난과 전투 고통 속에서 군복무 하면서 매월 봉급에서 10% 기여금으로 떼어 예금, 저금했다가 반환받는 돈인데 이 돈 받고 있다고 장애인 수당 지금 대상이 아니라면 크게 잘못된 법제도이니 개선해야 한다. 집장만은 월남 참전 급여 전액 적금했다가 산 집인데 집 있다고 수당을 못 준다니 더욱 본인은 전투 사경(死境)에서 생존한 상이 공상 국가유공자를 헌신짝 버리듯이

해도 되는 것입니까?

　이런 국가가 국민을 위한 국가입니까?

　국가 후손의 장래가 뻔한 것입니다. 이런 국가, 국민, 후손은 장래
와 희망이 없습니다. 우리나라는 수치적으로는 세계에서 모든 면에
상위 국가라고 하지만 국민 50% 이상은 경제적 빈곤으로 살기 어려
운 나라라고 합니다.

　현재 국가의 당면한 문제 우선순위는 남북문제, 회담이 아니고 가
난 빈곤 퇴치 정치이고 국민 모두가 국가로부터 받은 혜택에서 제외되
는 일이 없게 말로만 혜택을 주는 그런 나라가 아니고 골고루 혜택받
게 하는 정책과 정치실행이 중요한 때 입니다.

　징비록(懲毖錄) 같은 책을 몇 번씩 읽어야 한다. 나라 망하는 당리당
략이 아닌 상대를 존중하는 수준 높은 정치를 해야 국민에게 존중받
는 정치인으로 거듭나고 인정받을 수 있는 시대임을 명심해야한다.

제 6 장
온천하 눈덮힌 산하 최전방 순회하며 고생하던 날 대대 영화상영 회고하면 눈물난다.

아침 일찍 깨어나 밖을 내다보니 온 천하가 은백의 백설로 뒤 덮여 아름다운 대자연의 장엄한 극치에 감탄사가 저절로 터져 나왔다.

흰 눈은 무릎까지 찰 정도로 내려 쌓였고 산천은 적막하고 이름 모를 새소리만 간간히 울어 대고 통행로에는 커다란 짐승 발자국만 푹 파여 있어 섬뜩 놀랍기도 하였다.

엄동설한의 전방 분위기는 쓸쓸하다 못해 무섭기까지 하였다.

어제 대대 단위로 오늘 순회 영화상영 계획을 하달하였는데 폭설이 내려 차량 이동이 가능할지 걱정이 앞선다.

이 영화는 전기도 안들어오는 최전방 장병에게 문화의 혜택을 받지 못하는 최소한의 정서순화와 사기 양양과 군인정신 고취에 큰 영향을 주는 주요 정훈 과장활동의 임무 하나로 상영을 못 할 시는 영화를 기다리고 있는 많은 병사들의 실망은 이만 저만이 아니며 정훈 과장 역시 비참한 심정일 수밖에 없다.

다행히도 오후가 되면서 눈은 급속히 녹으면서 차량이 다닐 수 있게 되었다. 다시 한번 영사기 발전기 시운전 점검을 하니 이상 없어 영화 상영을 하기 위하여 사령부를 출발 하였다. 00대대에 도착하니 대대 장병이 종합 식당에 모여 우리 일행을 기다렸고 우리 일행을 보자 야! 소리를 지르며 우리를 반겨 맞이 하였다. 정훈장교인 나는 간단한 장병 정신 교육을 실시하고 영화상영을 하였다

　영화상영을 무사히 마치고 부대로 돌아올 때는 새날이 밝아오고 있었다. 나는 그 어느 해 겨울밤을 영화상영 때문에 눈물 흘리며 마음 졸이던 그 밤을 잊을 수 없다.

제 7 장
세월호 침몰사건 국도(國盜)로 보는
나의 유감스러운 조국판단

吟豊愚草 時壇(음풍우초 시단)
批評詩人(비평시인) 김광해

국도(國盜), 세월호 침몰사건 심각한 유감이다.

아! 사랑스러운 내 조국! 이 나라를 누가 이렇게 만들었나! 세월호 사건은 국민 전체의 책임이며 수치다.

불법 부정부패, 비리의 오염 공화국이 왜 되었나? 힘든 일 안하고 노력 안하고 한탕 성공하면 권력 돈 금권 여자가 쏟아진다. 와르르 몰려온다!

야! 이개뼈다귀 같은 세상, 누가 이렇게 만들고 망쳐놨나!

이 나라 불법 비리의 원조는 군 반란 정권 찬탈 군권 탈취 불법 한탕이 씨뿌린 오염이 이렇게 더러운 결실을 열매 맺어 퍼진 것 땀 흘리며 고생하고 살 이유가 없다.

역대 국가 통치자, 고위관료, 정치인 나으리 들은 제일 먼저 주위

먹고 막 싸 대고 감방가서 공짜 밥 먹고 또 배 아파 운다.

불행한 나라, 복도 되게 없는 불행한 국민! 총 한 방 잘 쏘면 팔자 고치고 모든 것이 내 것이 되는 세상! 역대 통치자는 사형에 처해야 할 국도자들에게 돈먹고 처벌 안 해 대형사고 발생공화국이 된 것이다.

안전행정부가 무엇이냐고 비아냥 칼날 세우던 의원 나리, 누가 누구의 책임이라고 하는 잘못된 나라 세월호 사건은 올 것이 온 총체적 난국 난맥상 천재 아닌 인재!

대통령이 세월호 사건 내라고 했나? 걸핏하면 대통령 사과 요구 청와대로 가자! 시위는 한심하고 땅을 치고 통곡할 3•1 독립 정신의 백의민족은 어쩌다가 이렇게 되었나?

후손에게 부끄러운 나라 물려 주지 않기 위해 불법 비리 없는 정의로운 국가, 사회 성취하자. 국가 성취하자. 성수대교 붕괴, 삼풍백화점 주저 앉은 것이 대형사고의 원조, 어느 곳 하나 제대로 된 것이 없는 나라! 불법 적폐를 엄정히 청산하지 않는 한 조국과 후손의 장래와 희망은 없다.

저서 제6권 출판기념 시 박근혜 대통령께서 축하 화환을 보내주셨다(국방회관 태극홀)

뇌졸중(뇌경색) 환자 중 가장 훌륭하고 유명한 다큐작가가 되자. 난 치병 치유를 위해 최선을 다하자!

안 되면 되게 하라는 군인 정신으로 고급 장교 출신답게 투철한 군인정신으로 치유하자. 근건한 하나님 믿음을 바탕으로 불변의 신앙정신으로 조국 발전을 위해 기도하고 병든 내몸을 치유하자!

제 2 부 (B) 주요작품 중 선작
제 1 장
5·18 광주 민주항쟁의 진실과
현안 관건 해결로 사건종결가능

전두환 쪽은 광주 민주 시민, 학생을 공수부대가 학살 시킨 것을 숨기려고 북한군이 남침해서 저지른 폭동 만행이라고 주장하지만 이것은 거짓이며 즉 만행을 숨기려고 조작한 것이며 꾸며낸 것임을 분명히 알아야 한다.

5·18 사태는 최초 4일간은 계엄군과 시민, 학생 간의 충돌이 격화되는 기간이었고, 5월 21일은 계엄군이 시 외곽으로 퇴거하였으며, 그후 5일간은 광주 시내가 치안 공백 상태가 되어 무장한 시위대가 지배한 기간이었다. 그리고 5월 27일은 계엄군이 시가 평정을 위하여 광주시에 유혈 재진입함으로써 10일간의 사태는 일단락 되었다.

이 기간중에 광주 시민 수습위원회와 계엄당국은 수습협상을 벌였으나 시민 요구조건을 정치군인 악인들이 수용할 수 없다고 버팀으로써 수차의 협상은 결렬되고 말았다.

그리고 정치군인집단 악인들은 유혈평정 과정에서 수많은 학생들과 시민들을 체포하여 군사재판에 회부하였고 광주사태는 북한의 고정간첩과 불순분자, 김대중 추종세력의 책동으로 유발된 폭도들의 무장난동이라고 하였다. 그러나 "허위는 폭로되고 진실은 밝혀진다"는 진리와 같이 6공은 광주사태를 '광주민주화운동'으로 규정하지 않을 수 없었다

그러나 5·17 계엄확대조치(휴교령, 대학에 계엄군 배치, 정치인 체포, 학생지도부 체포 등)를 강행하면서 전남대에 진주시킨 공수부대의 강압적인 행동 즉 교내 잔류 학생 체포, 등교 학생 해산 등으로 학생들을 분노케 하였고, 끝내는 계엄군과 학생들 간에 격렬한 투석전이 벌어지는 상황으로 돌변하면서 부상자가 속출하게 되자, 특전부대 특유의 기질인 강경진압으로 인하여, 쌍방은 상호 적개심으로 불타 충돌하게 되었다.

이러한 상황들은 보도가 통제된 가운데 지역감정을 자극하는 각종 유언비어가 난무하여 시민들의 감정이 격화되었고, 시민과 학생의 연대저항도 공격형으로 전환되어 차량돌진 공격 등 과격한 저항을 하기에 이르렀다. 이에 계엄군도 맞서 발포를 함으로써 시민들과 학생들도 계엄군 쌍방에 희생자가 생기는 비극을 초래케 하였던 것이다.

이러한 상황이 되자 각 대학 학생들은 흥분과 분노를 참을 수 없게 되었다. 대학생들은 자신들의 모교 교정 진입을 위해 수단과 방법을 가리지 않았고 계엄군은 이들을 해산, 귀가시키려고 대립하다가 급기야는 충돌을 하게 되었다.

그것은 전남대에서 최초로 발생하였다. 전남대 학생들의 학교 진입 기도와 이를 막으려는 계엄군 사이에서 충돌이 시작되었다. 5월 18일 오전 10시경, 학생 200여 명이 전남대 정문에 모여들었다. 이들이 학

교 내 잔류 학생들이 공수부대원들에게 구타당하고 있음을 비난하면서 돌을 던지기 시작하자 계엄군은 함성과 함께 돌진, 학생들의 해산을 시도하였다. 이 과정에서 일부 공수부대원들이 학생들이 던진 돌에 맞아 부상을 당하게 되자 분개한 군인들이 도망가는 학생들을 쫓아가 진압봉으로 어깨, 머리를 마구 가격하고 난폭하게 체포하였다.

그러나 학생들은 불복하지 않고 3~4회 해산과 집결을 거듭하면서 투석으로 계엄군 7명이 부상당하자 계엄군은 시위학생들을 보다 적극적으로 난폭하게 가격하고 해산시켰다. 그 결과 투석하던 학생들은 "도청 앞에서 모이자"고 외치고 도청으로 이동하였고, 광주역을 지나면서 경찰차에 방화를 함으로써 시위는 더욱 격화되었다. 이것이 바로 엄청난 비극을 초래한 '광주민주화운동'의 시발이고 시민과 계엄군과 경찰의 충돌 발단이었다.

이와 같은 학생과 경찰, 계엄군의 충돌은 걷잡을 수 없는 혼란을 불러왔다. 법과 공권력이 무력화되고 무법천지의 세상이 되고 말았다. 5월 18일 오전 10시경, 2군사령관은 광주에서 계엄군과 학생들간에 충돌이 있다고 보고를 받고 공수부대 시내 투입과 증원으로 조속히 진압할 것을 지시하였다.

광주에 투입된 공수부대원들은 시위대를 포위하고 도주하는 학생들을 끝까지 추적하여 체포하였다. 이때 공수부대원들은 시민과 학생 등 시위대를 진압봉으로 가격했고, 체포된 시위대는 옷을 벗겨 나체로 만들거나 머리를 땅바닥에 처박는 기합(일명 원산폭격)을 주기도 하는 과잉진압을 하였다. 이 과정에서 시민과 학생등 405명을 연행하였고 80여 명에게 부상을 입혔다. 또한 흥분한 공수부대원들은 시위에 참여했거나 안 했거나 서성거리는 청년들이나 점포의 종업원 등 젊은이만 보이면 마구 잡았고 무자비하게 구타한 후 차에 싣고 연행하였다. 이로써 시민들의 분노와 저항은 하늘을 찌를 듯하였다.

이런 분위기를 간파하지 못한 계엄사 당국은 더욱 강화된 진압병력과 장비를 시내 주요지점에 배치시켰다. 새로 투입된 11공수여단선발대인 1개 지역대를 조선대에 주둔시키며 무력시위를 벌였고, 통금시간을 1시간 앞당겨 오후 9시부터 새벽 4시까지로 연장하였다.

또한 이날 저녁 7시경, 계림동 광주고등학교 부근에서 시민과 학생 300여 명이 공수부대와 충돌하여 사상자를 냈고, 한일은행 뒤 노동청 앞 가톨릭센터 앞 등지에서 2,000여 명의 학생들이 산발적인 시위를 벌였다.

이에 계엄당국은 밤 9시경 경찰서 지파출소와 도로 교차지점에 공수부대와 경찰 병력을 추가로 투입, 시위를 원천봉쇄 하였으나 광주 시민들과 학생들의 저항에 대항하기에는 역부족이었다, 계엄당국과 공수부대는 당황하기 시작했다.

5월 19일이 되자 시민들의 시위가세는 진압군의 증강에도 불구하고 열불을 토해냈다. 19일 아침 일찍부터 분노한 시민들과 학생들이 시내 요소요소에 모이기 시작했다. 상가는 철시에 들어갔고 관공서, 기업체, 학교는 정상근무, 정상수업이 불가능해졌다. 시민들은 동요하기 시작했고 중·고등학교 학생들은 공수부대 철수와 전두환 퇴진을 외치며 수업을 거부하며 교내시위를 벌였다.

도로는 이곳저곳 바리게이트로 교통이 차단되었고 공수부대원은 금남로 일대 등 시위 예상지역을 선제 점령하여 도로에 열을 지어 서서 시위대 진입을 차단하였다. 또한 장갑차를 앞세워 부대원을 탑승시켜 시내를 돌아다니며 위압감을 주는 무력시위를 감행하였다.

오전 10시 30분경에는 경찰이 자동차와 헬기를 동원하여 확성기로 시위 군중을 해산시키는 방송 활동을 하였으나 군중은 오히려 증가

하였고 경찰과 투석전이 벌어지기 시작하였다. 도청 앞 금남로 등 도로를 차단한 500명의 경찰에 맞선 군중은 삽시간에 5,000여 명으로 늘어났고, 도로 철책, 대형화분으로 방어막을 설치하고 시위를 계속하였다. 시위 군중들은 경찰의 최루탄에 맞서 화염병과 벽돌, 각목으로 대항하였다.

매년 5·18 기념일에는 광주 운정동 5·18 묘지를 참배하고 부상자를 위로하는 필자(좌측)

10시 50분경, 경찰이 시위 군중에게 밀리자 군 트럭 30여 대에 분승한 공수여단 병력이 도청 앞과 금남로 사거리에 도착, 시위 군중들을 위협하였다. 이에 시민들과 학생들은 신축건물 공사장에서 각목과 철근, 쇠파이프 등을 뜯어내 군과 정면충돌하였고, 군의 무차별적인 과잉 진압에 인도변의 많은 시민들도 흥분하여 시위에 합세하였다. 금남로에 투입된 1,000여 명의 공수부대원은 소총 개머리판과 진압봉으로 시위대를 무차별 가격하였고, 일부 군인들은 대검까지 사용하는 강력한 진압 작전으로 많은 시민이 부상을 입고 희생 되기도 하였다.

이렇게 강력한 진압이 계속되자 시위대는 산산이 흩어져 골목이나 건물에 은신하였다가 재차 집결하기 시작했다. 가톨릭센터 앞에는 5,000여 명이 집결하였다. 학생과 함께 40대의 장년층과 부녀자들이 대부분이었다. 이들은 금남로 양칙을 차단한 경찰과 화염병을 던지며 계속 대항하며 충돌하였다. 흥분한 청년시위대는 가톨릭센터 차고에서 승용차 4대를 끌고 나와 차 내부에 기름을 뿌리고 불을 질러 군과 경찰을 향해 시동을 건 채 밀어 붙여 경찰 바리게이트를 덮치며 폭발하기도 하였다.

또한 시위대는 금남로 2가 소재 제일교회 신축공사장에서 두 개의 기름 드럼통을 가지고 나와 불을 붙여 군경저지선으로 굴려보냈다. 이 중 한 개의 드럼통이 폭음을 내면서 폭발하여 화염이 치솟았고 시위대는 더욱 흥분되었다. 공사장에서 일하던 인부들까지도 무기가 될 연장이나 각목, 쇠파이프 등을 날라 젊은 청년시위대에게 공급하였다. 시위대는 점점 광주 시내 전역으로 파급되어 갔다.

오후 4시 30분경에는 동구 학동 및 남광주역전 등 외곽지역으로 확산되었다. 저녁 7시경 부터는 비가 내렸다. 비가 내리는 가운데도 시위대와 계엄군 간에는 충돌이 계속되었다. 시민들은 해산하지 않고 "광주시를 구하자!"고 소리치며 흥분하고 있었다. 이때 광주사태를 더욱 악화하게 만든 요인 중 하나는 유언비어로, 시만을 자극하여 봉기를 부채질한 점도 간과할 수 없는 대목이었다. 유언비어도 진실 여부와 관계없이 인간의 판단을 마비시키는 괴력을 가지고 있다. 유언비어는 대중을 선동하고 결집시키는 데 사용하는 심리전의 한 수단인 것이다.

5월 18일에 이어 19일에도 유언비어는 나돌았다. "경상도 사람이 전라도 사람을 씨를 말린다"느니 "계엄군이 여학생의 유방을 칼로 잘랐다"느니 하는 악성 유언비어와 함께 지역감정을 자극하여 시위대, 계엄군의 저항의식을 더욱 강렬하게 만듦으로써 결국은 '광주민주화운동' 시위가 최악의 상태로 확산되자 계엄사는 진압군의 증강과 함께 조기수습을 결정하고 5월 20일 제3공수여단 등을 투입하였다.

5월 20일 오전 10시부터 대인시장 주변에는 1,000여 명의 시위대가 집결했다. 이들은 생업을 집어 치우고 시위에 참여하기 위하여 도청을 향해 진행하는 중에 장갑차를 앞세운 공수부대에 의하여 분산 되었다. 그러나 흩어진 시민들은 삼삼오오 다시 집결하였다. 오전 10 시 30분경 7공수여단 장병들이 가톨릭센터 앞에서 남녀 시민 30여 명을 체포하여 속옷만 입힌 채 진압봉으로 기합을 주며 가격하였다. 낮 12시 30분에는 3공수여단 각 대대 병력이 전남대, 황금동 일대, 공용터미널, 양동사거리, 광주시청 등에서 시위진압을 하였다.

시내 도처에는 유언비어가 실린 유인물이 뿌려졌고 시위 군중은 계엄철폐, 연행학생 석방, 공수부대 철수, 김대중 석방, 전두환 퇴진 등을 요구하며 시위를 벌였다. 오후 1시 30분경에 시위 인원은 상업 은행 앞에 200여명, 충장로에 200~300여명, 전남도청에 200여명, 계림동 지역에 2,000여명이 시위를 벌였으며, 공수부대가 진압에 나 서자 격렬하게 대항 하였다. 오후 3시가 되면서 금남로에 모인 시민들 은 1만여명으로 늘어났고, 경찰의 최루탄에 밀리다가 금남로, 중앙 로 등 교차지점 지하상가나 공사장 부근에서 연좌농성에 들어갔다. 오후 3시 40분경에 시위 인원은 조흥은행 앞에 200여 명, 금남로 2~3 가에 5,000여명, 금남로 4가에 3,000여명이 운집하여 시위를 벌였 다. 경찰은 최루탄과 '페퍼포그'를 쏘며 진압을 시도했으나 오히려 경 찰이 밀리는 상황이 되었다.

오후 4시에 시위 군중은 30,000여명으로 불어났고 드럼통과 화분 대, 화염병, 칼 등을 갖고 군경저지선으로 접근하여 시위를 벌였다. 오 후 5시 50분경에는 충장로 입구 방향에서 5,000여명의 시위군중이 크럼을 짜고 도청을 향해 돌진하여 계엄군과 정면충돌하는 과정에서 수많은 사상자를 냈다. 시위대는 "군은 38선으로 복귀하라!"고 외치 면서 애국가를 부르며 "광주 시민을 폭도로 몰아붙이지 말라!"고 요 구하였으나 수용되지 않음으로써 몇 차례 충돌만 거듭되어 사상자

수만 늘어났다.

이 밖에도 광주사태를 더욱 악화하게 한 요인들은 많았다. 광주지역 계엄사무소장인 윤흥정 전투교육사령관의 진압권한이 축소된채 전두환의 지시에 의거 보안사요원이 은밀히 전교사 지역에 진주하면서 시위 군중 동태와 진압을 지휘하여 진압작전 지휘체계가 문란하였고, 광주의 상황이 극도로 악화되어 수습하기 어렵다고 판단한 반란 무리들은 광주사태를 강경진압하기로 결정하고 20사단, 공수3개 여단 등 장교 921명, 사병 10,721명의 엄청난 병력을 투입하여 무차별 진압을 한 것이 큰 피해를 발생하게 한 원인이었다.

5월 20일 시위도 18일, 19일의 시위 양상과 흡사했다. 오후 6시경 택시기사 100 여명이 무등경기장에 집결하여 군 저지선을 돌파하여 계엄군을 몰아내자고 결의하고 트럭, 버스를 앞세우고 전남도청 앞까지 진출하였다. 그러나 저지선을 치고 있던 11공수여단과 충돌, 차량이 파괴되고 많은 사상자를 냈다.

5월 21일은 '부처님 오신 날'이었다. 그러나 광주시에는 저주와 분노, 그리고 총성에 싸인 하루였다. 이 날은 시위대가 무장을 하기에 이르렀고 광주시는 무법천지로 변하였다. 분노한 시위대에 의해 광주 세무서가 불탔고. KBS방송국이 화염에 휩싸였다. 전화가 불통되고 지방신문 발행이 중단되었다. 이로써 광주시 일원은 사실상 군경의 통제가 불가능하게 되었다.

계엄군은 시위 군중에게 발포하기에 이르렀고 병원마다 수많은 사상자로 만원을 이루었다. 도처에서 사상자가 가 발생하자 시위 군중들은 "우리도 살기 위해서는 무장으로 대항해야 한다"고 부르짖었다. 5월 21일 오전 9시경, 300 여명의 시위대들은 이미 탈취한 군 차량과 고속버스를 타고 아세아자동차공장에 출고 대기 중인 장갑차와 차량

56대를 탈취, 시외로 빠져 화순, 보성 지역 각 시위대에 분배하여 군경과 총격전을 벌였다. 처참한 민·군 간의 시가전이 벌어져 시내는 총성에 휩싸이고 희생자가 도처에서 발생하여 병원으로 응급 후송하는 등 사상 최대의 불행한 사태가 발생하였다.

그러나 전두환은 극도에 도달한 광주 시민의 무장시위는 강경 조기 진압밖에 대책이 없다고 판단하여 시위대를 무장폭도(武裝暴徒)로 규정하고 자위권(自衛權) 발동이라면서 광주시 외곽에서부터 압축 진압하였다. 이로 인하여 광주 시내 곳곳에서는 시위대와 계엄군의 총격전이 벌어졌고, 계엄군은 자위적 발포라고 주장하였으나 비무장 시위대를 포함한 시위대에게 무차별 발포한 것은 완벽한 자위권 행사였다고만 볼 수 없었다.

그 외에도 계엄군은 시위대 진압 작전 계획에 따라 진압이라고 하면서 오인사격을 많이 하여 주민을 살상하였다. 국가 주요 보안목표 '가'급인 광주교도소의 총격전, 효천역 부근의 오인사격, 국군 광주통합병원 총격전에서 인근 주민이 희생되었다. 그 외에도 주남마을 시민 살해, 송암동(松岩洞) 주민 오인사격으로 총상을 입기도 하였다.

이와 같은 '5·17, 5·18' 광주사태는 무고한 양민 191명이 사망하고 부상자가 852명 발생하였으며 수많은 재산 손실과 온 국민에게 크나큰 상처와 충격을 주었고, 근현대사에서 가장 불행한 사건으로 기록되었다. 이 사건으로 인한 광주 시민의 한이 조속히 치유될 수 있도록 자성과 반성을 함께하는 국민적 노력을 경주해야 할 것이다.

일부 언론에는 북한군이 침투하여 광주사태를 더욱 격화시켰다는 주장이 있었으나 그것은 근거 없는 언론 보도였고 전두환 일당이 꾸민 선무공작(宣撫工作)이라는 보도가 있었다.

즉 결론은 12·12 쿠데타 진상규명위 사무총장과 국내 유일의 반란연구 전문가인 필자는 공수부대를 출동시켜 광주민주항쟁에 참여케 한 것과 사태를 악화, 확대 시키고 사격 명령 내린자를 조사 색출하여 처벌해야 광주 현안문제가 해결되고 종결될 수 있다고 본다. 김명국 씨나 지만원 씨 주장은 모두 거짓임이 분명한 것을 언론까지 뇌동부화(雷同附和)한 것과 가짜뉴스를 생산한 언론도 중대 책임을 지고 처벌되어야 할 것이다.

즉 5·18 광주 민주항쟁에서 시민 학생에게 무자비한 총격으로 수많은 인명을 살상시킨 발포 명령자는 과거 직위에 관계 없이 철저한 조사로 최고 극형에 처벌해야 국헌 국법이 바로서고 국론분열을 막을 수 있고 국민통합이 가능하다 또한 특히 遲遲(지지)부진한 진상 조사위도 중대 책임이 있고 적법한 조치가 안될 시 이들도 적절한 법적 처벌이 요구된다.

제 2 장
정부가 떼먹은 파월용사 전투수당 지급하고
눈물 닦아주어야 온당한 국가로 본다.

    우리 월남 참전군인들은 국가의 명령으로 이역만리 상하의 나라에 가서 피땀 흘리며 30만 명 이상이 전투에 참가, 5천여 명이 전사하였다. 참전 대가로 전투수당을 지급받게 되었으나 국가가 사용하고 아직까지도 지급하지 않는 불법행위를 자행하고 있다. 월남에서 전투하지 않은 사람은 그 참전의 엄청난 고생과 고통을 모른다. 1964년부터 1974년까지 8년 8개월 동안 이역만리 물설고 낯설은 폭염이 내려쬐는 월남에서 목숨과 맞바꾼 전투수당을 참전 군인에게 주지 않고 있다. 국가는 이제까지의 이자까지 합산 조속히 지급해야 한다. 이것을 해결하지 않는 한 국가의 존재 가치는 무의미하며 참전군인 가족의 눈물을 멈추게 할 수 없음을 경고하지 않을 수 없다.

제 3 장
한국 국민의 선거법 선거의식
바꾸지 않는한 희망 없다.

정당 공천 후보가 아닌 훌륭한 인물 뽑는 선거문화가 되어야

우리나라의 중요 현안(懸案)은 여러 가지가 있으나 그중에서 가장 중요한 문제는 나라를 이끌어 가는 각 정치지도자를 뽑는 공직선거법이 잘못 만들어져 대단히 잘못된 나라가 되었다고 나는 보고 있다. 그것은 잘못 만들어진 선거법에 의해 선출된 사람들 대부분은 능력 부족과 자격 미달자로 보고 있기 때문이다. 이들은 대부분 모사꾼, 협잡꾼, 권모술수자, 기회주의자 등이 많았고 국민의 민생문제 해결보다 인기 영합에만 몰두하였다.

나는 감히 말하고 싶다. 그것은 다선(多選) 의원이라고 해서 훌륭한 일을 많이 한 사람이 당선된 것이 아니고, 유권자에게 군림하고, 거짓말 잘하고, 돈으로 유권자를 매수하고, 불법 비리 잘한 사람들이 당선되었다고 본다. 더 강도 높게 말한다면 5선의원이라고 하면 20년간 국민에게 거짓말 잘하고 사기 친 사람이라고 하면 맞는 표현이 될 것이다. 이렇게 돈쓰고 각종 불법 비리로 당선된 사람들은 그 돈을 다시 챙기기 위하여 각종 이권에 개입하여 온갖 물의를 빚었을 것이다.

그들은 정부를 정상대로 출범도 못하게 발목을 잡고 일도 못하게 해놓고는 이제 막 출범한 정부의 지지율이 40%도 안 된다는 등 신뢰할 수 없는 설문결과를 가지고 국민께 사과해야 한다는 등의 발언을 연일 쏟아낸다. 이는 올바른 정치인의 자세가 아니며 정책 파트너의 자격이 없다고 본다.

야당은 국정에 올바른 충고와 충언은 얼마든지 해도 된다. 그러나 출처 불명의 불확실한 비판발언은 국민을 혼란스럽게 하는 망언이자 독약임을 분명이 알아야 한다. 야권은 구정치의 행태를 버려야 새로운 정당이 될 수 있고 국민들의 지지를 받을 수 있으며 수권정당이 될 수 있다.

필자가 볼 때는 4~5선 이후의 구정치인은 국민을 위해 정치생활을 접고 물러나고 새로운 인물로 교체되어야 한다. 정치가 개혁되지 않으면 국가와 후손의 장래 희망은 없다고 단언한다. 차기 총선 때는 깨어 있는 국민의식으로 99%의 새로운 정치인을 탄생시켜야 한다.

현재 우리나라 정치권의 양상은 누가 먼저 나라 망하는 일을 하느냐는 경쟁 싸움을 하는 것 같아 가슴 아프다. 정치인 정치 수준이 국민 정치 수준을 못 따라오고 있다. 국민들은 21세기 정치는 당리당략이 아닌 상대를 존중하는 정치 행위 상대당의 좋은 정책은 찬성하고 지지하는 정치 잘못된 정책만 단호히 반대하는 선진 정치를 원한다. 무조건 반대하는 구시대 정치 행태는 종지부를 찍어야 한다. 조선 구한말이나 임진란 등 나라가 망하고 나라 잃은 것도 당과 싸움이 나라를 마쳐 버린 것이다. 마치 지금의 정치판이 그때가 다시 오는 것 같아 걱정이 태산 같다.

1996년 6월 27일 제1회 지방선거 시 광진구청장에 출마한 필자(중앙)를 격려하기 위해 찾아 오신 정승화 전 육군참모총장(우측 두 번째)과 하소곤 전 육본작전참모(좌측 첫 번째)

나는 당시 A당, B당 공천을 받으려고 노력했다. 그러나 그 공천이 간단치 않음을 처음 알았다. 그것은 각 당에서 3~5억 원의 공천 대가를 요구하였고, 또 공천금을 준비하여 공천이 잠정적으로 결정되었다고 해도 더 많은 공천금을 내겠다는 공천 희망자가 나올 때는 사정없이 취소하고 최고 액수의 공천금을 낸 자가 공천된다는 사실을 알게 되었다. 참으로 국가의 지도자를 뽑는 선거가 이렇게 막가파식 공천으로 건국 이후 지금까지 이어져 왔다는 데 놀랐고, 그런 인물들이 지금까지 국가의 지도자라고 해왔기 때문에 많은 국민들이 고통을 받고 있다는 사실을 알았다. 나는 당 대표들이 어떻게 해서 그 많은 돈과 부(富)를 축적했는지, 왜 당을 자꾸 만들어 당 대표가 되고 지구당 위원장을 임명하는 저의가 무엇인지를 알게 되었다.

그러면 이 같은 문제는 왜 생겼을까? 이는 곧 선거법이 잘못 만들어진 까닭이다. 건국 이후 정치에 참여한 인사들은 돈질 잘하는 사람들이었다. 선거는 곧 돈 놓고 돈 먹기 식이었다. 돈 없으면 아무리 똑똑해도 출마가 불가능했고 돈 있으면 인품과 관계없이 출마했다. 이런 선거풍토는 60년이 흐르는 동안 개선되지 않고 더 심화(深化)되어 퇴보를 거듭했다고 볼 수 있다.

문제는 이런 사람들의 선후배가 바통을 이어받아 왔다는 데 있다. 즉, 이 말은 사람을 바꾸지 않는 한 훌륭한 지도자의 출현은 불가능하다는 것이다. 각종 공직선거에서 뽑힌 현재의 선출자들이 새인물로 바뀌지 않는 한 앞으로 100년이 가도 변화는 없을 것이다.

나는 잘못된 선거법을 실제적으로 경험을 통해서 알고 있다. 나는 구청장 선거에 출마했던 경험이 있다. 1995년 6월에 실시한 제1회 지방선거 시 무소속으로 서울 광진구청장에 출마한 적이 있다. 나는 당시 12·12 쿠데타 진상규명위원회 사무총장으로 민족정기와 역사 바로 세우는 국가적 업무를 성공적으로 수행 중에 있었다.

그런데 하루는 회의 도중 선거 이야기가 나왔는데, 회원 한 분이 "김 동지도 많은 일을 했고 매스컴을 통해 국민에게 많이 알려졌으니 이번 선거에 출마 한번 해 보지 않겠느냐"는 말을 했다. 그때 정승화 회장이 "그래, 한번 출마해 봐"해서 농담 반, 진담 반이 원인이 되어 구청장에 출마했었다.

나는 당시 '정의가 나의 삶의 철학인데 어떻게 불법인 돈을 내면서 공천을 받겠느냐'는 생각에 정당공천은 포기하고 무소속으로 출마하였다. 그런데 정당 공천자와 무소속 후보의 차별화된 등록서류에 대한 불쾌감이 생겼다. 그것은 정당 공천자는 생략되어 있는 선거인 추천서를 무소속 후보는 300명이나 받아서 제출(1명이라도 허위 발견시 등록 무효)하라는 것이고, 기호 배정도 정당 공천자는 이미 확정되어 사전에 여유 있게 인쇄물 등을 준비하는데, 무소속 출마자는 등록 마감일 이후에 기호를 배정함으로써 짧은 시간에 인쇄물 등을 준비해야 하는 어려움이 있었다(실제 나는 인쇄물이 준비가 안 되어 선관위에서 통합 발송하는 후보 홍보물을 일부 지역은 발송하지 못하고도 많은 득표를 하였음. 전 선거구에 우송되었다면 더 많은 득표 가능).

나는 왜 이렇게 불평등한 선거법을 만들었나를 알아보았다. 그것은 현역 정치인들이 계속 유리한 기득권을 확보해서 유리한 당선을 노린 악덕 선거법임을 알아냈다. 이 악덕 불공정선거법에는 무소속 후보와 차별화된 정당 공천자, 기득권자들에게는 40여 가지의 유리한 내용이 있는 악법이었으며, 이를 개정하지 않고는 깨끗한 정치 신인, 무소속 후보의 당선은 불가능하게 되어 있었다. 이런 선거법을 어찌 법이라고 할 수 있겠는가? 이 선거법을 대폭 고치지 않는한 훌륭한 신인, 무소속 후보의 당선은 어려운 것이다.

그러므로 우선은 국민, 유권자의 의식개혁이 선행되어야 한다. 새로운 인물, 신인 무소속 후보를 많이 찍어 그들에 의한 새로운 정당을 출현하게 해야 한다. 우리나라는 정치를 해야 할 훌륭한 사람은 정치를 하지 않고, 정치를 하지 말아야 될 사람이 정치를 하고 있다. 이와 같이 거꾸로 된 선거문화를 개혁하지 않는다면 훌륭한 인물의 출현은 불가능하다고 본다.

나는 구청장 선거에서 무소속 후보로는 경이적인 20,958표를 획득하였으나 낙선되었고, 10% 이상을 득표함으로써 기탁금, 인쇄비, 기타 금액을 반환받아 최소의 비용을 사용함으로써 선거 결과 2천 만 원이 남는 전국에서 유일한 흑자선거를 치른 바 있다.

결론적으로 돈 많고 돈 놓고 돈 잘 쓰는 인물 뽑을 것이 아니라 국가 민족 위해 훌륭한 일 한 사람 일할 사람을 선출 하는 선거 문화로 바뀌어야 한다.

제 7 편
기타 참고

제1부 김광해 평생 총괄 위업(偉業)

1. 한국최초 민간시민단체 창립 민주시민사회운동 43여년 활동'
2. 검찰 12·12 군사반란 진상규명조사에 결정적 협조공헌.
3. 군사반란수괴 전두환·노태우 前 대통령 2명을 위협을 무릅쓰고 민족정기와 굴절된 역사 바로세우기 위하여 목숨걸고 국민최초, 고급장교출신 최초 살인죄, 반란죄로 단독고발 단죄
4. 5·18 광주민주인사 학살 책임자 전두환 외 35명 국민최초 합동고발단죄
5. 12·12, 5·18 반란, 내란유공수훈 포상자 훈포장 박탈 및 추징금 납부 촉구 국미운동 본부장으로 활동
6. 기타공적
   (가) 12·12 군 반란시 육본잔유 대장으로 임명 육본 사수명령에 의거 반란군과 교전중 머리 복부총상으로 생사의 고통을 당함
   (나) 월남전 참전으로 조국경제발전에 기여 및 세계만방에 국위선양
   (다) 월간교통, 월간교통관광 저널등 4종의 교통 월간지를 발행 교통관광 문화 발전에 기여함.

7. 기타 주요 공적
   (가) 국무총리소속 민보상위 인정 민주화 43여년 민주시민사
   회운동
   (나) 고발(베스트셀러 '나는 왜 전두환, 노태우 전 대통령을 고발했나!)'등
   71건의 저서 출판으로 국민자기계발지침지도 및 계몽활동과
   불법비리고발과 출판홍보와 정의사회 구현활동
   (다) 고급장교(육군중령) 강제전역과 전역 후 민주화 및 시민운동

제 2 부 신간 "그들의 피로 물든 샴페인 먹고 엄청 탈났다" 21, 09, 16일자 조선일보

제 3 부 필자 저서 6권 제10판 "한국현대사..." 현대일보 광고

제 4 부 신간 인터넷 '한국현대사 보도내용'

제 5 부 인터넷 디시인사이드 갤러리 보도내용

dcinside.com 갤러리

| 갤러리 ✚ | m.갤러리 | 갤로그 | DNA | 이벤트 | 디시위 |

이전 정치, 사회 갤러리

개념글(초개념갤)　갤러리 검색　즐겨찾기　연관 갤러리(5/4)　갤러리

최근 방문 갤러리　　이전 정치, 사회

제목 : 아래 내용은 "12, 12軍 救亂槪要" 를 인터넷 "다음"에
記述 報道한것임 (재심 신청인金 光海의 당사重傷 입증資料도됨 .)
(他 인터넷 "야후" 등에도 동일한 類似 내용으로 報道함 .)

1. 12.12/5.16의 배경원인과 과정 공통점 및 차이점 둘다 군사쿠데
12.12 군사쿠데타의 경우 결국 군내부의 권력다툼이 원인인데... 0
쿠데타의 병력동원 12.12 군사쿠데타의 경우 당시 청와대 앞 경복:
관이 모두 모여 반란을 시작한 것입니다. 당시 전두환 장군을 위시
력은 특전사령부 예하 1공수여단과 3공수여단. 9사단　30연대와 1
부 국방부 장악. 3공수여단은 특전사령부의 점령 및 사령관 체포, 9
대 진주 예비임무 수행 등이었습니다. 그러나 육군본부의 경우 동우
로 들어오다가 다시 돌아가라는 철군명령으로 돌아가버려 병력 동원
등등 1)쿠데타 군부 세력 전두환- 육사 11기 소장 보안사령관(반란
단 병력 불법동원) 유학성-정훈 1기 중장 국방부 군수차관보(대통:
모총장 연행 재가 서명 주도) 황영시-육사 10기 중장 1군단장(대통
부 통신연락 임무) 백운택-육사 11기 준장 71방위사단장(대통령의
법 출동, 국방부, 육본 점령) 최세창-육사 13기 준장 3공수여단장(
임무 종사) 이상규-육사 13기 준장 1기갑여단장(1기갑여단 불법출
법출동) 장세동-육사 16기 대령 수경사 30경비단장(쿠데타 지휘부
17기 대령 보안사령관 비서실장(보안사에서 보안감찰 주도) 허상수
사 정보처장(보안사에서 보안감찰 주도) 정도영-육사 14기 대령 보
장(육참총장 수사 주도) 우경윤-육사 13기 대령 육군본부 범죄수사
포 지시) 신윤희-육사 18기 대령 수경사 헌병부단장(수도경비사령

-육사 9기 소장 특전사령관 하소곤-육사 8기 소장 육군본부 작전참

부 군수참모부장 김진기-육군종합학교 준장 육군본부 헌병감 윤흥

장 합동참모본부장 이범진-육사 8기 소장 국방부 소속 김기택-갑종

육사 25기 소령 특전사령관 비서실장 김수택-육사 24기(?) 중령 수

인네... 4. 강제예편된 장교들 정승화-육사 5기 대장 육군참모총장

정병주-육사 9기 소장 특전사령관 김진기-갑종 준장 헌병감 윤흥정

의 장관급 장교 들이 대대적으로 전역하게 됩니다. 5. 사망 및 부상

다가 사살됨) 정선엽-병장 국방부 헌병대(1공수여단의 국방부 침투

한 해병대 경비병력과 총격전 중 사살됨) 2)부상 정병주-육사 9기

부장(수경사령관 체포작전 도중 저항하다 가슴 관통상) 김광해-육

군본부 총격 당함, 26기(?) 소령 육참총장 부관(참모총장 불법 체포

총격 당함) 우경윤-육사 13기 대령 육군본부 범죄수사단장(참모총

력이 총장공관 해병대 경비병력과 총격전시와 1공수 여단의 국방부

총상 부상자 발생 이상은 제가 알고 있는 12.12군사 쿠데타의 전부

------------------- 네이버에서 푼건데 나도 드라마로 당시

잡을때 별이 와서 엉덩이 까도 전부 말안들었다드만... 전쟁나면 후

제 6 부 인터넷 다음 20. 08. 17일 책소개 보도 내용

책소개　　**인터넷 다음 '20,8,17일 책소개 보도 내용**

죽어도 믿음으로 살리라

저자	김광해
출판	북랩　　2019.5.3.
페이지수	142　　사이즈　152*225mm
판매가	서적　13,500원　　e북　9,450원

책소개

愚草 김광해詩集(綜合版) 2019.1.1. 초판 발행
기독교신자는 꼭 읽어야 할 굳센 믿음 고취의 大敍事詩(대서사시) 출판!
韓國 유일의 난치병 뇌경색다큐작가 우초의 치유투병기(詩) 출판 단행!!

* 대한민국 고급장교출신 詩人 김광해 陸軍少尉 任官53주년(2019.10.1.) 기념 執筆出版!
* 국가의 政策 중 과오 정책 발굴 批評書(詩) 창안 집필발표로 正義國家社會 건설성취

출처 : 인터넷 교보문고

저자

김광해
저자 : 김광해
육군중령출신 다큐 작가, 비평시인, 장로교회 장로

걸어온 길

- 경기 여주시 출생 78세
- 육군 22년 복무 군사반란 반대로 원치 않은 육군 중령 전역
- 경기대 법정학부 행정과 4년 졸업(법학사)
- 한양대 행정대학원 2년 졸업(행정학석사)
- 고려대 정책과학대학원 최고위 정책 과정 (정당정치분야 전공) 수료
- 연세대 사회교육 대학원 지역개발연구 과정 수료
- 건국대 교육대학원 문학창작과 수료(문학창작 전공)
- 서울시립대 도시정책 대학원 최고위 도시정책 연구 과정 수료
- 프랑스 소르본느대 최고경영자, 영국 옥스퍼드대 고위지방의회 과정 수료
- 한국 문연협회 회원, 시인협회 회원(현)
- 참여연대초빙 작은 권리 찾기 운동본부 특별위원
- 제1회 지방선거 돈 공천 요구 반대 무소속출마 2만 표 이상 경이적 득표
- (주) 대우 총무부장(회장 비서실장 경우)
- 전두환, 노태우 반란수괴 국민 최초 살인, 반란죄로 목숨 걸고 고발 단죄
- 대한 기독교 장로회 초청 장로교 목사 1,400명 수동기도원 연수회 참석강연(연재: 전, 노고발배경 및 정의로운 목회자의 자세)
- 한국 최초 민간시민단체 창립 굴절된 민족정기와 역사바로세우기 운동본부창립
- 32년 시민운동단체 대표로 활동

김 광해 장노 팔순 &출판회 식순

사회: 장교 동기생 임 순 홍 목사

"김광선정 '국민의 고발인, 정의 이 사자 존칭人" 1. 개식사 (사회자)

2. 국기에 대한 경례(바롯)

3. 주인공 김 광해님 내빈께 인사 말씀

4. 주인공 김 광해님 귀빈,내빈 소개

5. 축사 (축사1: 대한민국 해병대 부사령관 백 경순 장군)

6. 축사 (축사 2:장교 동기회장 구 경갑님)<시간상 두분만>

7. 부모님께 세배,축배

8. 공로 기념패 증정(장교 동기회장님 예게)

9. 15년 간병 감사 기념패 (부인 김 옥자 마리아님 예게)

10. 폐회사 (사회자)

초 청 인

한국 최초 · 민간시민단체불의 43주년 불법 비리고발센터 · 민주화운동자
(주)바른사회만들기운동본부
다큐 작가 · 비평시인 · 민주화운동자 愚草 金 光海 長老

祝 愚草 김광해 偉業(위업) 축하기념

慶 祝

바르른 총재 김광해 장로
팔순 및 출판기념식

"김광선정 '국민의 고발인, 정의 이 사자 존칭人"

■일시: 2021년 10월 1일 (금) 18시

■장소: 용산 육군회관 (구. 국방회관) 1층 태극홀
지하철 4호선(1번 출구) 상가지역 하차
6호선(13번 출구) 상가지역 하차
*부흥동반 환영

하나님으로 나를 따라하는거의 채울 잣도
아버지로부터 아들에게로 삼, 사내까지 이르게 하거니와
나를 사랑하고 내 계명을 지키는 자에게
천대까지 은혜를 베푸느니라. (출애굽기 20장 5~6절)

자기의 아버지나 어머니를 하대하거나 저주한자는 반드시 죽을 지니라
그러나 다른 녀린이
생명은 생명으로, 눈은 눈으로, 이는 이로, 손은 손으로,
발은 발로, 데 것은 데 것으로, 상하게 한것은 상함으로,
때린 것은 때린것으로 갚을 지니라. (출애굽기 21장 17절)

제 8 부
우초의 유명 훌륭한 인사로 등록 관리하는 기관 단체

◆김광해 위원장을 국가 훌륭한 유명인사로
  등록 관리하는 기관·단채

- 경기대학교 선정 동문 훌륭한 유명 인사 등재
- 정부 중앙 인사위원회 국가인재데이터베이스 등재
- 동아일보사 동아 닷컴
- 중앙일보사 조인스 닷컴
- 조선일보사 조선 닷컴
- 문화일보사 인물 정보
- 연합뉴스사 한국인물사전 등재
- 중앙일보사 한국을 움직이는 인물사 등재
- 을지출판공사 한국시민 대전 등재
- 역사편찬회 대한민국 5천년사 한국인물사 등재
- 국가상훈편찬회 상훈인물대전 등재
- 인터넷 네이버•다음•야후•구글•카카오톡
  플레이스토어 기타

맺음말

    필자는 나이 80세 팔순과 육군장교 소위임관 55주년을 맞으며 이를 기념하고 人生綜合決算(인생종합결산)을 해야 되지 않겠나? 하는 생각을 하면서 평생 살아온 결산서가 필요하다고 판단, 어떻게 하는 것이 가장 효과적인 有産(유산)과 業績(업적)이 될까를 深思熟考(심사숙고) 한끝에 人生綜合決算書(인생결산서)가 가장 좋겠다고 판단, 本書(본서)를 企劃·執筆(기획·집필)하기로 마음먹고 근3년 가까이 준비하여 출판하였습니다.

    "인생은 짧고 藝術(예술)은 길다" "호랑이는 죽어서 가죽을 남기고 사람은 명예를 남겨야 한다" 는데 이는 사는 동안 良心的(양심적)으로 正義(정의)롭게 살아 왔는가 하는 문제 일것입니다.

    그래서 微微(미미)한 지난 업적을 정리하여 종합판 圖書(도서) 한권을 남기기로 하고 과거를 돌아보며 보라빛 한 일들을 모아 보았는데 필자 마음에 부족한 가운데도 흡족한 마음이 들어 친지 친분자 同期

• 同窓(동기•동창) 讀者(독자) 여러분께 귀한 膳物(선물)이 되어 自己啓發(자기계발)과 교양, 敎訓書(교훈서)가 되기 바라는 마음에 감히 諸賢(제현) 여러분 앞에 開封(개봉)하오며 인사에 가름 하옵니다 고맙고 감사합니다.

지은이 김광해

편집 디자인 저자 아내 김옥자